U0724797

重庆市闲置农房盘活利用路径探索

CHONGQING SHI XIANZHI NONGFANG
PANHUO LIYONG LUJING TANSUO

编著 邵恒心 宋德义 宋丹妮 宇德良

重庆大学出版社

图书在版编目（CIP）数据

重庆市闲置农房盘活利用路径探索/邵恒心等编著
. -- 重庆：重庆大学出版社，2020.5
ISBN 978-7-5689-2067-4

Ⅰ.①重…　Ⅱ.①邵…　Ⅲ.①农村住宅—房地产经济
—研究—重庆　Ⅳ.①F321.1

中国版本图书馆 CIP 数据核字（2020）第 050480 号

重庆市闲置农房盘活利用路径探索

编　著　邵恒心　宋德义
宋丹妮　宇德良
责任编辑:刘颖果　　版式设计:刘颖果
责任校对:刘志刚　　责任印制:赵　晟

*

重庆大学出版社出版发行
出版人:饶帮华
社址:重庆市沙坪坝区大学城西路 21 号
邮编:401331
电话:(023) 88617190　88617185(中小学)
传真:(023) 88617186　88617166
网址:http://www.cqup.com.cn
邮箱:fxk@ cqup.com.cn（营销中心）
全国新华书店经销
重庆共创印务有限公司印刷

*

开本:787mm×1092mm　1/16　印张:9.5　字数:215千
2020 年 5 月第 1 版　　2020 年 5 月第 1 次印刷
ISBN 978-7-5689-2067-4　定价:59.00 元
渝 S(2020)005 号

本书如有印刷、装订等质量问题,本社负责调换
版权所有,请勿擅自翻印和用本书
制作各类出版物及配套用书,违者必究

前　言

　　2017年10月18日,党的十九大报告明确提出要坚定实施乡村振兴战略,强调必须始终把解决好"三农"问题作为全党工作重中之重。这是继"社会主义新农村"之后又一个解决"三农"问题的重大战略,是指导我国未来"三农"工作的行动指南。近年来,在党和国家的坚强领导下,我国"三农"形势出现喜人变化,但同时也存在劳动力外流、人口空心化等突出问题。针对农村"空心化"所导致的大量闲置农房,研究如何实现其有效盘活利用,已成为当前助力乡村振兴的重要方面。重庆市作为中西部地区农村社会发展的典型代表,集"大城市、大农村、大山区、大库区"于一体,资源禀赋良好,在闲置农房盘活利用方面具有较大诉求。因此,为推进重庆市闲置农房盘活利用,有必要就重庆市闲置农房及其盘活利用现状、盘活利用诉求、盘活利用路径与保障体系等关键问题进行系统总结归纳和分析研究,以促进乡村脱贫致富和乡村振兴战略的深入实施。

　　本书依托于重庆市规划和自然资源局重点前期项目《重庆市空置农房开发利用规范化管理前期论证》(2017-58-22),从探讨闲置农房的概念入手,开展了理论研究,构建了基于用电量的闲置农房判断标准,建立了重庆市闲置农房数据库,摸清了重庆市闲置农房数量分布与结构特征;开展实地调查,厘清了重庆市闲置农房盘活利用诉求;开展考察研究,摸清了重庆市闲置农房及其盘活利用现状及问题,总结归纳了市外典型区域闲置农房盘活利用的经验,探索了乡村振兴战略下重庆市闲置农房盘活利用的基本路径。研究成果具有一定的可推广、可复制性,可为各地开展闲置农房调查、盘活利用和规范化管理等工作提供借鉴和指导。

　　全书共七章,第一章深入辨析了闲置农房相关概念,总结评述了闲置农房的研究现状,同时回顾了我国宅基地制度历史演变和闲置农房盘活利用的发展沿革;第二章重点介绍了重庆市可供闲置农房盘活利用依托的资源现状,包括自然资源、经济社会资源和人文资源;第三章构建了基于用电量的闲置农房判断标准,并在此基础上统计测算了重庆市闲置农房的规模和分布特征,结合问卷调查分析了闲置农房盘活利用意愿;第四章剖析了重庆市闲置农房盘活利用现状及问题,结合具体案例比较分析了重庆市不同盘活利用模式及成本收益;第五章详细介绍了安徽省、海南省、浙江省绍兴市和云和县、湖北省武汉市、广西壮族自治区金秀瑶族自治县等地闲置农房盘活利用的实践做法,总结归纳了闲置农房盘活利用的典型经验;第六章从盘活利用主体要求、形式选择、空间指引、政策整合、规范化管理和农民权益保障等方面,探索了重庆市闲置农房盘活利用路径;第七章按照"组织有序、制度完善、平台健全、政策支持、监管有效"总思路,提出了构建促进重庆市闲置农房规范化盘活利用的保障体系。

本书由重庆市规划和自然资源调查监测院邵恒心、宋德义、宋丹妮、宇德良编著。参与本书编写的成员还有重庆市规划和自然资源调查监测院的徐中强、李磊、李健楠、张璐璐、杨涛、陈晓军、申丽琼。本书的编写得到了重庆市规划和自然资源局有关领导和处室的大力支持,得到了成都市、武汉市、绍兴市、云和县、南宁市、金秀瑶族自治县等地规划自然资源、农业农村、文化旅游相关部门的大力支持,得到了武隆区、奉节县、城口县等区县规划和自然资源局等相关单位的鼎力相助,同时也得到了西南大学邱道持教授和廖和平教授、重庆大学王林教授、重庆师范大学邵景安教授等专家学者的指导帮助,在此一并感谢。

闲置农房盘活利用相关研究任重道远,其涉及学科内容广泛、体系庞杂,本书做了一些初浅的思考和尝试,希望能起到抛砖引玉的作用,能对其他地区闲置农房盘活利用相关研究与实践有所启发。由于作者研究水平有限,难免会有纰漏,欢迎批评指正!

作　者

2019.10.31

目 录
CONTENTS

第一章　闲置农房盘活利用研究与实践基础

重庆市集"大城市、大农村、大山区、大库区"于一体。近年来随着新型城镇化推进,乡村"人去房空"的空心化现象显现,闲置农房不断增加。在此背景下研究重庆市闲置农房盘活利用路径,具有十分重要的理论和现实意义。

第一节　闲置农房与盘活利用

一、闲置农房

鉴于我国农村宅地不分离的实际,加之我国农房建设与管理相对粗放,建设不规范,房屋使用寿命较短,对农村闲置房的相关研究多集中在农村闲置宅基地上。

当前农村闲置宅基地的认定,在法律层面和学术研究层面都尚未形成统一的认识,狭义的闲置一般是指宅基地闲置或废弃,未能有效发挥任何作用;广义的闲置一般是指除宅基地完全闲置外,还包含宅基地地上建(构)筑物的闲置等情况。现实中我国农房的闲置往往伴随着宅基地的闲置。

广义的闲置主要包括三种情况:一是由于农村人口外流,农房实际使用率低,导致农房和宅基地闲置;二是因农房年久失修,实际不能居住,导致宅基地闲置;三是超标准占用的宅基地,出现一户多宅现象,导致部分农房闲置。

结合农村闲置农房和宅基地实际,我们将在一定时间内无人居住或使用导致的农房和宅基地闲置及低效利用界定为闲置农房和宅基地。依据不同的标准,闲置农房可作如下分类:

1. 按闲置原因分类

按闲置原因可分为以下四类:

①危旧型闲置,指原有住房年久失修或周边环境太差,不能满足基本居住需求而导致的闲置。

②人口迁移型闲置,指外出务工等原因导致人口外流和减少而造成的闲置。

③建新不拆旧型闲置,指异地新建农房后导致原有住宅闲置。

④其他原因型闲置,指农村风俗习惯及管理等原因造成的闲置。

2. 按闲置程度分类

按闲置程度可分为两类:整栋闲置和部分闲置。

3.按闲置时间分类

按闲置时间可分为两类:长期闲置和季节性闲置。

4.按合法性分类

按合法性可分为两类:合法闲置农房,即依法获取的农房闲置;违建闲置农房,即在违法占用的宅基地上修建的农房闲置。

闲置农房分类如表1.1所示。

表1.1　闲置农房分类

分类标准	类　别	闲置原因
闲置原因	危旧型闲置	原有住房年久失修或周边环境太差,不能满足基本居住需求
	人口迁移型闲置	外出务工等原因导致人口外流和减少
	建新不拆旧型闲置	异地新建农房后导致原有住宅闲置
	其他原因型闲置	农村风俗习惯及管理等原因造成的闲置
闲置程度	整栋闲置	整栋农房未利用
	部分闲置	部分房间未利用
闲置时间	长期闲置	
	季节性闲置	
合法性	合法闲置农房	
	违建闲置农房	

从闲置农房盘活利用的角度,我们重点关注闲置时间和闲置程度两个维度,聚焦于长期整栋闲置农房。

二、闲置农房盘活利用

闲置农房盘活利用主要是指将符合一定条件、具有一定区位优势的闲置农房和宅基地进行特色打造,显化其闲置资产价值的深度开发和利用。

闲置农房盘活利用的模式主要包括养生养老、创意文化、农事体验、休闲度假等利用形式,以及农户自主、入股、租赁、征收等盘活利用方式。

(一)利用形式

依托区域的自然人文资源、区位等特点,目前我国闲置农房利用的形式主要有休闲度假、养生养老、农事体验、文化创意、艺术孵化、避暑休闲等。闲置农房盘活利用形式案例如表1.2所示。闲置农房盘活利用形式案例图片如图1.1所示。

表1.2　闲置农房盘活利用形式案例

利用形式	项目名称	所在地	基本情况
休闲度假	山里寒舍	北京	山里寒舍是由古村落改造而成的乡村生态酒店群,最大特点是保存了乡村的原始生态特征,每一间房舍在保留农家样貌的基础上,精装修内部,奢华与朴素混搭,结合自然舒适理念,将城市的星级酒店享受与乡村自然宁静的生活融合
休闲度假	莫干山	浙江	莫干山因干将莫邪在此铸剑得名,山上遗存众多清朝和民国时期各国修建的别墅和教堂,本身就是一个旅游景点。民宿依托原生别墅和教堂,与当地的旅游产业完美融合,是"民宿 + 旅游"成功融合的典范
养生养老	天目山	浙江	农家休闲养老是一种候鸟型、旅游休闲型相结合的农家寄养式异地养老模式,代表有杭州天目山和上海崇明岛等农家养老项目,有养老需求的客户与农户订立协议,长期寄养于农户家中,形成一种特殊的乡村旅游形式,成为当前新农村建设的一种重要模式。杭州天目山脚下的银龄避暑胜地,利用村落的闲置民居来接待避暑的老人等,已经远近闻名
农事体验	有机生活农场	重庆	有机生活农场位于重庆市巴南区双寨镇,是集住宿、餐饮、农耕体验、亲子活动于一体的综合性休闲农场,如"放心村农场11居"——老旧房屋改造的民宿
文化创意	大地乡居·张泉	北京	大地乡居·张泉致力于打造北京首个乡村社交型度假空间,整个方案延续原创设计理念,在尊重乡土原生文化与生态的基础上,用设计的力量重塑和再现乡土之美。由乡村庭院改造成四个不同主题的度假空间:云集、蜜堂、草舍、花台。每一个庭院呈现一种风格,每一个庭院展示一种风情,在带给客人舒适住宿体验的同时,也把乡村的故事讲给他们听
艺术孵化	宋庄	北京	农民将自己的闲置农房出租给艺术家,通过艺术家带来的集聚效应,打造特色的艺术创作村落。北京的宋庄就是国内此种模式的代表。1994 年来自全国各地 1 300 多名艺术家聚集宋庄,包括多名海外和中国港台地区艺术家,成为中国最大的艺术家集聚村落。宋庄基本每户都改建了可供艺术家们租用的工作室
避暑休闲	石柱黄水	重庆	石柱黄水平均海拔在 1 500 m 左右,垂直气候差异较大,夏季气候凉爽,7 月月均气温在 20 ℃ 左右,是避暑之地。在避暑旅游的带动下,区域内越来越多的闲置农房资源被盘活利用,用作旅游接待

(a)北京山里寒舍

(b)浙江莫干山

(c)浙江天目山

(d)北京宋庄

图1.1　闲置农房盘活利用形式案例图片

(二)盘活利用方式

根据盘活投资主体的不同,目前我国闲置农房盘活利用方式主要分为农户自主、入股、租赁、征收等四种方式。

1.农户自主盘活利用

农户自主盘活利用方式是指具有先进理念且经济实力较好的农村居民,通过对自有的闲置农房进行改造,使其成为具有一定接待能力的休闲、度假场所。该方式具有产权明晰、投入较低、价格大众化、市场需求较大等优势,但同时也存在经营水平总体不高、服务品质参差不齐、抵御风险能力差、竞争无序等问题。

这种方式主要以发展农家乐和低端民宿为主,是目前闲置农房盘活利用较普遍的方式,属于相对初级盘活利用方式。

2.入股盘活利用

入股盘活利用方式是指由村集体成立合作社或社会资本成立公司,对闲置农房进行集中统一开发和管理,农户自愿入股,以期实现"资源变资产、资金变股金、农民变股东"。这种方式具有避免盘活利用的盲目性、提高参与的积极性、强化经营管理的规范性和提升市场竞争力等优势,但同时也存在发展过程中利益分配纠纷、协调难度大等问题。

这种方式的典型案例有:江苏省溧阳市李家园村的富民资产专业合作社、安徽省安庆市岳西县黄尾村的"彩虹之约"农家乐协会等。

3.租赁盘活利用

租赁盘活利用方式是指具有经济实力和市场经营能力的企业或其他社会资本,通过租赁方式对闲置农房进行统一规划打造。这种方式具有资金来源稳定、管理模式清晰、产业链打造相对容易、易形成规模效应等优势,但同时也存在权益纠纷多、抵押融资难、农户收益增加不显著、本土特色文化挖掘展示不充分等问题。

这种方式的典型案例有:安徽省巢湖市合巢经开区"三瓜公社"、重庆市奉节县卡麂坪和武隆区归原小镇等。

4.征收盘活利用

征收盘活利用方式是指政府采取协议征收、货币补偿安置方式,对农村集体土地上的闲置农房实施土地和房屋征收后,按照现行法律政策进行公开处置,由竞得人对闲置农房进行盘活利用。这种方式具有权益明晰、抵押融资容易、资金来源稳定、管理模式清晰、有利于打造产业链等优势,但同时存在投入成本相对较大、盘活利用周期相对较长等问题。在浙江、广东等东部经济较发达的地区,该种方式应用较多。

这种方式的典型案例有:浙江省云和县,在全县县城规划区范围(102平方千米)之外,根据土地利用规划、城乡规划和主体功能区规划等相关规划要求,经县政府批准列入实施闲置农房征收再利用的区块,进行闲置农房征收再利用。

第二节　闲置农房盘活利用相关研究基础

目前,闲置农房盘活利用理论研究主要针对闲置农房盘活利用实践过程中的农房产权制度、闲置农房调查、农房闲置原因、农房流转、农房抵押融资等问题进行研究。

一、研究基础

(一)农房产权制度研究

我国农房与城市房屋实行的是不同的产权登记制度,具体反映在财产权利表现形式上存在不同。农房产权主要有如下特点:①农民对房屋享有完整的财产权,但是对其宅基地使用权的处分、转让和抵押等流转没有完整权能。②农房宅基地使用权的获得实行限额审批制度,按照"一户一宅"的原则,具有福利性质、无偿性和使用权长期性。③农房的产权流转有制约。我国法律规定除同一农村集体经济组织内的成员间(且受让方必须是无住宅的农户)可以自由转让农房外,其他情形的农房产权流转均受到法律限制。总体而言,农房产权具有"残缺"性。

一直以来,由于历史原因,我国农房产权管理存在诸多问题,如权籍管理机构不完善、机制不健全,农村集体土地房屋产权产籍管理法律法规的缺位,农房流转、抵押贷款以及产权制度改革等管理机制体制相对滞后。在城乡统筹发展、乡村振兴的改革背景下,做好农村土地和房屋产权的确权登记、建立规范的产权流转交易市场、合理设定收益分配办法以及完善配套制度等方面显得尤为关键。

针对农房产权的流转市场机制,业界普遍认为在厘清农房产权流转中存在的错综复杂的产权、法律、政策和意识瓶颈障碍的前提下,应突破各类意识瓶颈,围绕明晰产权,厘清现有的法律法规政策,以加快培育规范的流转交易市场。同时,结合地区的经济发展水平和农民产权流转意愿,调整完善现行宅基地制度。

(二)闲置农房调查研究

随着我国新型城镇化进程的加速推进,农村人口转移规模不断增加,导致闲置宅基地和农房问题逐步显现。主要表现为两种情况:一种是宅基地占而不用,指的是能够用于农民建房的土地却闲置不利用或者低效利用,即宅基地闲置、荒废;另一种是农房建而未住,指的是宅基地上的附属物即住房等闲置、废弃或荒废。

目前,闲置宅基地和农房的调查统计,国家暂无统一规范,相关的闲置情况主要来源于部分区域性调查。从分布规律来看,偏远地区的宅基地和农房闲置现象较严重,城郊农村的闲置较少,且这种现象在我国经济发达的东部地区较常见。主要有两方面的原因:一是偏远农村经济基础薄弱,农民外出务工较普遍;二是由于进城务工的农民无法承受城市的高房价,必然会寻求生活成本更低、离城市较近的地方,导致城郊房屋和土地较为稀缺,因此不会出现大量闲置。

(三)农房闲置原因研究

农房闲置的原因主要有以下几个方面:

(1)城镇化推进导致农村人口流失,增加农房闲置。在城市化进程中,大量的农业人口向城市流动,从事非农产业。一部分在城市长期工作并购房定居,使得农房长期闲置;另一部分以短期流动的方式,使得农房"季节性"闲置。

(2)农村经济发展和家庭结构变化导致农房更新速度加快,增加农房闲置。一方面随着农民收入不断增加,对居住环境、住房品质等有了更高的要求,农民建新房的需求增加;另一方面农村家庭小型化发展趋势日益明显,已婚子女婚后大多选择新建住房,与父母分居,而父母仍居住在老宅,当老人去世后,老宅便闲置下来。

(3)现行法律制度规定制约闲置农房处置。我国《国务院关于深化改革严格土地管理的决定》规定"禁止城镇居民在农村购置宅基地",使得宅基地和农房的受让对象受到限制,从而制约了闲置农房的流转,闲置农房未得到充分有效利用。

(四)农房流转研究

国外农房及土地制度主要为私有制,与我国集体所有制有较大差异,因此鲜有关于"农房产权流转"的研究。特别是国外市场经济体制形成较早,具有清晰的房屋产权基础,权利人自由处置土地及房屋(买卖、租赁、抵押等)基本不受限制。

国内学者对农房及土地流转的研究主要围绕概念、流转必要性、流转实践等领域展开,并提出诸多促进农房流转的政策建议和意见。

农房概念研究方面,学者普遍认为农房即为"农村农民、集体经济组织基于生活、生产以及农村公益事业的目的,在农村集体所有的土地上建造的建筑物及其他附属设施"。

农房流转必要性研究方面,学者普遍认为农房流转对于住房资源合理配置、提高资产经济效率、改变城乡二元结构、保护人民财产权益等具有重要意义。健全农房流转制度是维护公民合法产权、盘活存量资源、助推农村市场经济发展、促进城乡统筹协调发展、创建和谐社会的重要举措。

农房流转实践现状研究方面,主要是针对各地农房闲置及流转状况等开展实证研究,研究发现东部发达地区的农房流转普遍较为活跃,私下自发已形成了隐形市场;而西部等偏远地区,虽然大量农民外出务工有部分农房闲置,但法律对宅基地流转的严格限制等原因,农房流转相对较少,造成农房闲置较多。

(五)农房抵押融资研究

农房抵押主要包括房屋所有权的抵押和宅基地使用权的抵押。在我国现行法律制度下,对是否允许宅基地使用权抵押问题,学术界还未达成一致意见。大多数学者从农地产权改革的角度出发,对农房所有权及宅基地使用权抵押提出了以下主要观点:

(1)开展农房和宅基地抵押业务具有必要性和可行性,对于缓解农民资金困难、推动农业发展等具有重要意义。随着我国农村土地和房屋产权制度改革的深化,逐步放开农地抵押限制所需的客观条件已经初步具备。

(2)由于当前农民认知程度不高,传统的抵押制度使得农房抵押业务的开展受到限制和约束,使农房抵押难以真正落到实处。

(3)农村金融体系不够发达,农村土地和房屋也很少能够作为有效的抵押品而获得金融支持,土地产权制度对金融系统的吸引力不足,加之缺乏有效的价值评估体系和相应的贷款产品,导致农房财产权抵押贷款在欠发达地区的推广难度更大。目前规模较大的农场或者大型农业生产基地以土地产权作为抵押所取得的贷款通常具有规模经济性,但普通的农民却较难通过农村金融市场得到充分的金融支持。

(4)开展农房财产权抵押贷款与强大的资金实力、政府的支持和完善的管理制度有着极大关联。农房财产权抵押必然会引发风险,包括外部的风险和内部的风险,要逐步搭建交易平台和风险分担机制,加快金融产品创新。

(5)为了最大限度地降低金融机构的风险,地方政府应设立风险基金、专业的农房价值评估机构,健全中介服务体系、加强农村信用体系建设,建立抵押人、债权人、村集体、政府等共同分担的机制。

(6)宅基地抵押流转可由农村集体、保险公司和其他农民对抵押贷款农民的债务提供担保,金融机构将贷款的部分资金按风险度及系数划转给担保人,而担保人有权将被担保物有条件地进行处置。

2009年,借助城乡统筹综合配套改革平台,成都和重庆先后进行了农房抵押贷款试点探索,并在示范区开始了农村土地和房屋的确权登记颁证工作。实践证明,完善农房产权抵押政策机制,特别是对农村宅基地使用权能否抵押进行明确并建立制度,加强农房保障建设和完善农房流转收益分配机制是推动农房抵押快速发展的主要手段。

二、研究评述

盘活利用闲置农房具有现实的必要性和可行性。目前,我国闲置农房盘活利用的主要障碍和制约因素表现在产权流转范围受限、确权登记等配套制度有待健全、农地金融发展滞后等方面;同时,对盘活利用闲置农房的研究相对较少,特别是对闲置农房的分布规律、产生原因、政策措施等研究相对滞后。随着我国社会经济的发展,新型城镇化进程持续推进,农村土地和房屋制度改革不断深化,以及乡村振兴战略的实施,各地试点也呈现出了新特征、新趋势和新问题,开展闲置农房盘活利用在顺应我国土地制度改革发展方面具有紧迫性。本书试图通过对重庆市闲置农房的现状、典型案例和成功经验的研究与分析,提出乡村振兴战略下重庆市闲置农房盘活利用的对策建议。

第三节　闲置农房盘活利用理论基础

闲置农房盘活利用工作开展包括闲置农房资源选取、开发建设、经营管理等多个环节,涉及闲置农房权属、盘活利用布局和资源配置以及利益分配等诸多理论。

一、土地房屋产权理论

(一)产权功能

产权的功能是指产权对社会经济关系运行的作用,即产权内在的作用力。其基本功能包括资源配置、交易、收入分配、激励约束和社会保障等方面。产权的配置功能是从资源或生产要素的角度而言,而产权的收入分配功能则主要针对经济主体及其所得,相对资源配置功能的范围广度要小。不同性质的资源理应以不同的产权形式与其相匹配,对产权的合理安排和配置是生产资源得以充分使用和优化配置的先决条件。其主要有三个方面的表现:一是产权在不同主体之间的划分本身就是收入或获取收入手段的分配;二是产权是收入分配的基本依据;三是明晰的产权和产权界定有助于主体之间的收入分配规范化。产权的激励约束功能主要是通过利益机制进行作用的。合理的产权界定能限制人们使用资本的方式,能保证人们以某种方式承担他们行为的成本。此外,我国农村土地和房屋还承担着社会保障功能,长期以来因农民社会保障的缺乏,反而形成了对土地的依赖,土地成为农民社会保障的主要来源。这种社会保障功能主要表现为:给农民提供最低生活和养老保障,并且为减少农民择业风险提供失业保障或承担农民的医疗保障。近年来,随着国家农村保障体系的不断建立和完善,农村土地和房屋产权承担的社会保障功能正在减弱。

(二)农村集体土地产权权能

所有权权能指产权权属所有人利用所有物对其独占、排他性,在法律规定的范围内允许采取的各种措施与手段,即所有权的内容。所有权权能又可以分割为占有、使用、收益、处分和终极支配权等权能。占有权能是表征对物的实际控制的权能。使用权能指依照物的性质和用途加以利用,从而实现权利人利益的权能。收益权能是指利用所有物以取得一定经济利益的权能。处分权能指依法对物进行处置,从而决定物的命运的权能。终极支配权是对物的剩余控制权和剩余收益权。所有权权能又可分为积极和消极权能,占有权、使用权、收益权和处分权等为积极权能,终极支配权即排除他人干涉为消极权能。

其中,所有权权能可以分离,并且作为所有权核心的处分权也可以按法律规定和所有人的意志而与所有权分离。特别是用益物权的出现,便是所有权权能分离的重要体现。也有学者认为用益物权不是所有权权能分离的结果,而是具有自己的权能,所有权是具有整体性的,不能在内容或时间上进行分割。所有权的权能分离混淆了所有权的权能与所有物的功能之间的界限。所有权的权能与所有物的功能即使其价值不同,但随着所有物上设定用益物权,所有物的功能也会随着所有物的转移而发生转移,但其所有权权能却不随之转移,仍归所有人享有。因此,用益物权不是从所有权分离出来的一部分,而是创设一个新的物权,是所有权的一种方式。

(三)土地产权结构

产权结构是指产权内各构成要素及其组织状况或相互联系的状况,在承认权利可分解性或分割性的前提下,产权总是以复数为大家所认同,因而也就有了产权结构。为此,产权的范围变得十分巨大,并具有多样性、层次性、相对性、改进性等特点。

产权结构又可分为权利结构和组织结构。产权权利结构还可分为物权和债权,前者又可分为诸多权利,如所有权、使用权(用益物权)和抵押权(担保物权)等。使用权又进一步细化为地上权、永佃权、地役权、耕作权和典权,债权主要为租赁权。因此,产权的可分割性增进了专业化和知识搜寻的创益,但有关资产所有权的最终责任依然留给了它的所有者。产权的组织结构指产权关系(产权权利结构)组合而成的组织单位,可分为一元性配置、多元性配置及无限性配置,还可以分为主体结构和客体结构。产权的主体结构可分为微观、中观和宏观三个层次:微观包括法人和自然人;中观包括各级地方政府行会和商会等;宏观主要指中央政府。产权客体结构是指作为产权主体对之实施所有、使用、收益、让渡等基本权利对象的财产,这些客体大致分为有形资产和无形资产。有学者还将产权结构划分为产权的静态结构和动态结构。产权的动态结构是指产权结构所具有的动态性和由一种结构向另一种结构的转变过程,也包括其中某些因素的变动;产权的静态结构是指一定时点或特定时期内的产权的微观结构和宏观结构。

二、产业布局理论

产业布局是指产业在某一地区内进行的空间组合。产业布局理论主要研究产业的空间分布规律。产业布局理论的形成和发展经历了古典区位论、近代区位论、现代区位论三个阶段。政策制定、国防和军事、人口迁移、市场因素、居民储蓄能力等因素都在不同程度地影响区位配置,而且社会经济因素日益成为最重要的影响因素。在区域布局的带动发展上,产生了"增长极"理论,即产业布局时首先可有选择地形成"增长极",然后凭借市场机制的引导,使辐射作用得到充分发挥,逐步带动"增长极"以外的地区经济共同发展。此外,产业布局的相关著名理论还有"点轴"理论、"地理二元经济"理论等。

产业布局遵循以下四个基本原则:

(1)突出整体、统筹兼顾。产业布局的目的是合理组合产业空间分布和地域,进而实现整体利益的最大化和最优化,因此产业布局应从全局考虑,根据各局部地区的不同条件,通过分析和比较,科学规划各局部地区的产业发展角色和定位;个别局部地区可在区域全局产业布局规划的基础上,结合本地区特点,合理规划本地区的产业布局。

(2)分工协作、因地制宜。根据当地的自然、经济和社会条件等实际情况,积极发挥地区优势,确定专门化生产部门,发展地区优势产业,形成规模发展;同时,围绕专门化生产部门布局发展相关的辅助性产业部门和生活配套服务部门,努力优化地区产业结构。

(3)效率优先、协调发展。应遵循产业空间发展规律进行产业布局,当某个区域的经济发展水平处于低级阶段时,其产业布局应着重考虑自然、经济和社会条件等方面具有优势的地区;当某个区域的经济发展水平达到高级阶段时,其产业布局应考虑重点发展经济落后的地区,同时保持高水平发展地区的继续稳定发展,尽可能地缩小地区产业发展差距。

(4)可持续发展。产业布局应注重资源节约和环境保护,确保产业发展在生态环境所能承载的范围内。

产业布局的主要模式有"增长极"布局模式、"点轴"布局模式、"网络"布局模式等。其中,"增长极"布局模式是指在一个区域范围内,某些产业部门在某些特定局部地域集聚、优先发展,形成产业发展"增长极",然后向其周边地域进行扩散,辐射带动周边地域的产业发展;"点轴"布局模式是"增长极"布局模式的延伸,是指随着产业的发展，"增长极"所在的产业点之间出于生产要素流动的需要，通过各种流动管道有机连接起来，形成产业发展轴线，进而辐射并改善轴线两侧地域的生产和生活条件，带动轴线两侧的产业发展；"网络"布局模式是"点轴"布局模式的延伸，即通过增强和深化某个区域内产业发展各节点之间、各域面之间以及节点与域面之间生产要素交流的广度和密度，使产业发展的"点""线""面"形成有机整体，从而推动区域整体开发，促进区域经济一体化发展。

三、资源优化配置理论

资源优化配置作为经济学的重要研究课题，也属于法学等诸多学科的研究范畴，其研究目的是如何在各种用途、主体间分配稀缺资源，实现资源的优化配置。农村土地和房屋作为一种稀缺资源，实现其优化配置需要以资源配置理论作为基础与指导。

(一)资源优化配置目标

资源优化配置，即资源最佳的利用方式和配置状态，是在既定的社会经济水平和资源状况下，对资源在不同主体部门、用途间进行合理的安排和搭配，以尽可能地满足人们生产、生活的需要。资源配置要求资源尽可能多地由生产效率高的生产者使用的同时，兼顾其他社会效益和目标，使资源合理配置于不同主体或生产不同的产品。虽然部分项目中资源配置的多重效益可能相互依存且彼此呈正相关，但在有的资源利用项目中，各种效益存在相互排斥的情况。因此，在资源配置过程中需要全面估量各种效益并进行利弊权衡，按照综合效益的原则进行资源分配。资源优化配置的综合效益原则不是几种目标间的均衡或同时获得几种目标的最大化，而是通过一种主导目标辅以其他目标的实现，要视具体地区、系统层次而做出选择。资源优化配置的主要理念是使社会各种矛盾不断获得解决和协调，做到"因地制宜、地尽其用、各得其所、合理利用、协调控制"，实现资源可持续利用。

(二)资源优化配置效率标准

新古典经济学中，通常使用帕累托最优来表示资源的优化配置。帕累托最优也称为帕累托效率，这种状态是指任何资源配置状态的改变不会在任何一个人效用水平至少不下降的情况下，使其他人的效用水平有所提高的状态，即资源在既定的社会生产技术和利用者偏好函数条件下达到了最适度的配置状态。反之，资源配置就处于帕累托无效率状态，可按照一定方向目标调整现有的资源配置来提高资源配置效率，这种资源的重新配置称为"帕累托改进"。对帕累托效率进一步拓展则是帕累托补偿原则，也称为卡尔多改进，即资源配置状态的改变使社会总福利得到改进，则资源的实际配置过程就是向效率状态的逼近。

帕累托效率是在既定的制度下研究资源有效配置的，其假设条件为市场完全竞争、人与人之间不存在利益冲突、市场交易费用为零等。但在现实经济运行中，由于市场机制的缺陷和诸多外部干扰因素，这种资源优化配置仅仅是与现实经济生活有很大差距的理想状态。为此，以科斯为代表的新制度经济学家对帕累托效率进行了修正，提出将制度交易费用作为资源配置效率的衡量标准。资源配置效率是指资源使用与使用收益之间的对比关系，即成本与收益或效用的比较。但由于收益的表现形态

（实物、货币等）以及评价者的主观偏好存在差异，使得面对同一事实的资源配置状况，不同主体基于不同的效用观可能做出不同的效率评价。因此，资源使用效用内涵的不同决定了资源效率的标准具有多元性。但效率标准的多元性体现在收益方面，而一致性却以成本为基础。不管人们对效率从何种意义上评价，有什么不同的价值取向，在资源稀缺前提下，优化资源配置的基本目标是节约资源，或者是为了实现既定的效益目标，耗费尽可能少的成本。因此，当人们进行效率评价时，当效用或收益的计量遇到不可克服的障碍时，可以对它存而不论，只计量成本，由成本的高低来体现效率的高低。以上就是科斯以制度交易费用作为资源配置效率衡量标准的思想逻辑。实际上，效率的本质在理论上就是要求尽可能提高资源的利用效益，而从实践上看，效率只有在交易费用尽可能小的环境中才有意义。这里的交易费用即便不能准确衡量，也应该能够相互比较。

交易费用的存在，使得资源配置只能达到帕累托次优，而非理想情况下的帕累托最优。以交易费用为衡量标准的资源配置效率理论，其本质上不是对新古典市场配置资源理论的否定，而是对帕累托效率理论的继承、拓展与修正。

（三）资源配置方式

资源配置方式主要有两种，第一种方式是计划配置或政府配置。这种配置方式下，主要通过政府的计划配额、行政命令来统管资源，实现资源配置和再配置。第二种方式是市场配置，由市场机制对资源的分配和组合起调节作用，由于资源配置可以被视为是通过人与人之间的交易实现的，所以在微观层次上，市场化资源配置就是一个实现资源配置的行动，由政府与其他经济当事人之间的命令——服从关系转变为平等人之间的自愿交易。

市场配置资源表现为由内在机制决定的过程。市场配置资源有利于发挥竞争和优胜劣汰机制的作用，优化生产要素的组合，根据市场供求，间接和自动地配置资源，从而实现效益配置和供求平衡。但由于市场机制作用存在盲目性和滞后性，部分情况下在某些领域的"市场失效"有可能导致整个社会生产的无政府状态，从而造成市场秩序的混乱。计划配置资源表现为有外力作用决定的人为过程。政府配置方式更能体现政府意图，直接和自觉地配置资源。在一定条件下，这种方式有可能从整体利益上协调经济发展，集中力量完成重点工程项目。但计划配额排斥选择，政府统管取代竞争，市场处于消极被动的情况下，容易出现资源闲置、浪费、错配的现象。

因此，市场和政府对资源的配置都具有可能失效或失灵的局限性。而对市场失效和政府失灵的情况进行分析有助于防止人们从一个极端走向另一个极端，两者结合起来可以增加人们选择时的理性思考。

四、利益（权益）相关者理论

利益相关者理论属于企业伦理学（或商业伦理学）的研究范围，是社会学和管理学的一个交叉领域。从理论背景上看，利益相关者理论来源于企业社会契约理论和产权理论。21世纪以来，国际上利益相关者理论的研究与实际应用的深度和广度快速增长，被广泛应用于公司治理、环境管理、生态管理、公共管理、旅游、教育等领域。作为一个有效的战略分析工具,如今利益相关者分析(Stakeholder Analysis)已成为国际发展领域较为常用的分析工具,其理论与方法对于扶贫研究、可持续生计问题研究、社区资源管理和冲突管理等具有重要意义。

随着企业理论和公司治理研究的开展,国内学者于 20 世纪 90 年代开始对利益相关者理论进行研究。国内研究可以分为两个阶段:一是引进消化阶段(1999 年以前),主要转述西方学者的研究成果,并探索中国的利益相关者理论;二是发展应用阶段(1999 年以后,特别是 2002 年以后),开始利益相关者理论的实践和应用研究,在利益相关者的界定、分类、公司治理、绩效评价和财务管理等方面取得了大量研究成果。研究成果主要集中在公司治理方面,规范性研究成果和描述性研究成果较多,实证研究成果和运用研究成果较少。基于利益相关者视角分析建设项目的研究,总体上还处于起步阶段,主要是对国内重大工程项目和世界银行贷款项目、亚洲开发银行贷款项目进行社会评价研究。2001 年国家发展计划委员会(现为国家发展和改革委员会)发布的《投资项目可行性研究指南》中的"社会评价"部分明确要求在投资项目中进行利益相关者分析,但从目前的研究进展来看,利益相关者的理论发展还有待进一步完善,其过于宽泛的概念、模糊的分类和测量标准对其应用造成了一定的限制,理论解释力有待进一步提高。

利益相关者理论的核心是弱化所有者地位,强调企业社会责任,即企业在经营管理等活动中要考虑和体现各个利益相关者的利益,同时应当通过协调和整合利益相关者的利益关系,达到整体效益最优化。

利益相关者理论的主要观点有:

(1)企业依存观:利益相关者依靠企业来实现其个人目标,同时企业也依靠他们来维持生存。

(2)战略管理观:强调利益相关者在企业战略分析、规划和实施中的作用,侧重于从相关利益主体对企业影响的角度定义利益相关者,强调企业战略管理中的利益相关者参与。

(3)权利分配观:利益相关者参与治理的基础是投入的专用性资产以及由此承担的公司剩余风险。既然利益相关者的专用性资本对于公司发展而言是关键的,而且在事实上承担了剩余风险,那么就应该享有相应的剩余索取权。

利益相关者理论的提出是对传统公司目标提出的挑战,即公司的目标不应仅限于股东利益的最大化,也应考虑除了股东之外的利益相关者,如经营者、职工、债权人、顾客、供应商和政府等,因为他们都是特殊资源的拥有者,这些资源对公司来说是同等重要的。他们向公司投入了专用性投资,与股东一样,应该承担风险和享有收益。

利益相关者理论的局限性主要表现在:①利益相关者理论无法解决各个利益相关者利益的加总问题,即企业在决策时,无法明确知道决策目标;②利益相关者的利益本身具有相互竞争性,一方利益的实现必然以牺牲另一方的利益为代价,这种情况下要同时兼顾各方的利益是不现实的;③利益相关者的利益价值具有不可计量性,难以建立决策理论模型;④利益相关者理论主张对所有的利益相关者负责,难以衡量经理人的责任归属;⑤利益相关者理论主张以协调所有利益相关者的利益为公司的目标,可能使企业迷失方向;⑥利益相关者在治理与企业绩效的关系上,还没有确定的实证依据。

利益相关者理论构建的管理方法,能够系统地将外界环境纳入组织的考虑之中,不仅把影响组织目标的个人和群体视为利益相关者,也把当地居民、政府部门、承包商、研究机构、环境保护团体、竞争者等群体纳入利益相关者范畴,认为这些群体同样可以影响组织实现其目标的过程。

利益相关者理论将企业视为整个社会环境的一个组成部分,并非由股东完全拥有,因为企业与社会的各个方面存在着联系,企业的行为应该考虑社会各个方面的关系,以保证企业的生存和发展。将其引申到闲置农房盘活中,可以认为:闲置农房盘活利用涉及社会各个方面的利益,不仅要有投资者(政府)参与,其实施也应当充分考虑众多利益主体的利益,保证他们平等地参与决策和利益分配。

利益相关者理论将外部环境引入战略制定与项目操作过程中,可以大大拓展闲置农房盘活利用的视野,突破原有的思维局限。引入利益相关者共同治理模式,可通过闲置农房盘活利用的制度安排来确保每个利益相关者都具有平等参与决策的机会,同时依靠相互监督机制来制衡各利益相关者的行为,通过适当的决策机制和利益约束机制来稳定利益相关者之间的合作,以实现决策的公平、公正与公开,最终实现利益相关者共同利益最大化、最优化的目标。在闲置农房盘活利用面临着变革与创新压力的现实情况下,更多地关注众多利益相关者的利益,通过利益相关者共同参与保证他们享有平等参与项目的权利是理想选择之一。

第四节　中国乡村发展与闲置农房的产生

回顾我国乡村的发展历史,大体经历了国家工业化,乡村工业化、城市化等历史时期,农民也经历了依存于土地,到对土地的依存度降低,再到离乡进城等阶段。闲置农房的产生与乡村的发展密不可分,某种程度上是乡村发展特定历史时期的产物。

一、农民对土地依存度高(1949—1978 年),农房闲置较少

1949—1978 年,为从农业国向工业国转变,国家积极推进工业化,并推行了"农产品统购统销""城乡分割的户籍制度""集体化与人民公社制度"等三项制度,分别实现了国家对农产品实行强制定价与低价获取权,将农民束缚于集体土地以提供低价农产品,对集体土地行使所有权、使用权与收益权等目的。农民失去了参与国家工业化的机会,他们被束缚于农村,只能从事农业生产。这一时期我国乡村人口快速增加,从1949 年的 4.8 亿人增加到 1978 年的 7.9 亿人。在不能离乡离土的时代背景下,人口急剧增长导致以满足居住需求的农房数量不断增加,农房闲置现象极少。

二、农民对土地依存度降低(1978—1998 年),农房出现闲置

1978—1998 年,中国农村实施联产承包责任制,农民获得承包土地的使用、收益和农地农用转让权。这一土地制度改革释放了大量的农村剩余劳动力,他们得以在农业经济活动以外寻求其他非农就业机会,但受城乡分割的户籍制度等限制,他们多数仍

留在农村参加非农经济活动。为了解决农村剩余劳动力的就业,国家允许农民在集体土地上开办企业(乡镇企业),乡村工业化开始出现,成为国家工业化之外的另一条道路。这一时期,乡村人口持续增加,1998 年达到 8.3 亿人的历史高点,农房数量也进一步增加,但由于参与乡村工业化带来的收入和就业结构的变化,农民对土地的依赖度逐渐降低,闲置农房出现逐渐增加的现象。

三、农民离乡进城(1998 年至今),农房闲置规模增大

1998 年至今,随着政府主导的城市化进程加快以及受分税制度等影响,乡村工业化逐步向园区转移,我国工业化、城市化进入快速发展期。据统计 1998—2016 年城镇化率以每年 35.89% 的速度增长,农村人口跨省流动从 1996 年的 2 330.9 万人增加到 2016 年的 7 717 万人。农村人口不断减少,2016 年为 5.9 亿人。

(1)第一代农民工离乡返乡,闲置农房数量增加,季节性特征明显。1998—2010年,第一代农民工成为跨区域流动的主力军。与融入城市的市民化过程不同,第一代农民工进入城市只是形成了数量较大的"两栖人口",他们每年季节性往返于城市(工作地)与农村(居住地)之间,但最终的归宿还是农村。同时,随着第一代农民工收入的增加,新建农房增多,但建新不拆旧现象较为普遍,闲置农房的数量随之增加,同时具有明显的季节性闲置特征。这一阶段国家及各地对闲置农房和宅基地出台了相关的处置政策,如重庆市探索形成了重庆地票制度、宅基地复垦,以及以"宅基地换房"为主的农村居民点整治和整体搬迁等诸多模式。

(2)第二代农民工离乡不返乡,长期闲置农房大量增加。2010 年以后,第一代农民工的子女,特别是"80 后""90 后"这些具有时代特征的第二代农民工成长起来。与第一代农民工不同,第二代农民工虽然也离开乡村进城务工,但由于拥有更高的学历教育和更多的技术技能,他们更愿意在城市购房居住和生活,从而导致乡村农房大量闲置。为盘活利用乡村大量闲置农房资产和资源,同时适应城市居民多元化的休闲旅游需求,国家及各地在积极探索宅基地"三权分置"和农村"三变"改革过程中,将闲置农房盘活利用作为实施乡村振兴战略的重要抓手。

中国乡村人口历年变化如图 1.2 所示。

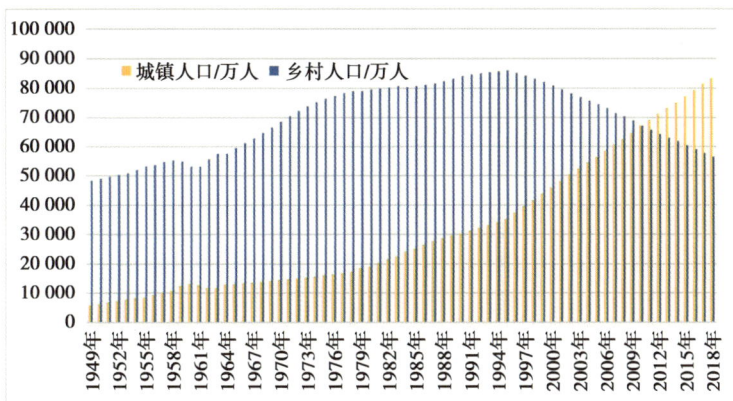

图 1.2　中国乡村人口历年变化图

中国乡村发展与闲置农房产生如表1.3所示。

表1.3　中国乡村发展与闲置农房产生

时　间	发展时期	乡村特征	闲置农房	备　注
1949—1978 年	土地产品提供资本积累的国家工业化	农民对土地依赖度高;乡村人口迅速增加;农房数量增加	较少	—
1978—1998 年	开放土地权利的乡村工业化	农民对土地依赖度下降;乡村人口持续增加;农房数量持续增加	逐渐增加	—
1998 年至今	工业化、城镇化快速推进	第一代农民工离乡返乡;乡村人口开始减少	进一步增加;季节性特征明显	政策关注闲置农房处置
		第二代农民工离乡不返乡;乡村人口不断减少	大量增加	经营性盘活利用闲置农房

第五节　闲置农房盘活利用沿革

20 世纪 80 年代以来,在一些临近优势旅游资源和休闲旅游需求较多的城市近郊农村,逐渐形成了以"农家乐"和"民宿"为主要形式的利用闲置农房发展乡村休闲旅游的新业态。这也是当前我国闲置农房盘活利用的主要方式,为此本书对闲置农房的盘活利用发展脉络分析主要从农家乐、民宿的发展状况来展开,主要分为以下几个发展阶段:

一、兴起阶段(1986—1995 年):农家乐鼓励发展

20 世纪 80 年代初,随着我国改革开放的不断深入以及受国外农业旅游发展的影响,人们对农业及其经营的理念也在不断发生转变,特别是对农业的旅游、休闲、观光、体验等功能和模式逐步有了新的认识,并开展了一系列乡村旅游的有益探索。例如,深圳市举办了荔枝节活动、贵州省郎德上寨等地开展了民族风情旅游,这些地区主要依托当地的农产品、乡土文化、民俗风情等资源条件,开展了具有典型"农家乐"性质的比较初级的乡村旅游的尝试。1985 年 5 月,时任国务院旅游协调小组组长的谷牧,前往浙江省富阳县(今富阳区)考察乡村旅游休闲活动,并题词"农家乐,旅游者也乐"。1986 年,成都郫县(今郫都区)农科村一些花卉苗木种植户从最初的接待客商考察逐渐发展到接待市民游玩,结合乡村风貌和园林景观,形成了以徐家大院等为代表的,集餐饮、游玩、休闲等为一体的农家院休闲旅游经营模式。此后,成都周边纷纷出现了以农村家庭为依托,以田园风光和农家生活为特色风貌,吸引城镇居民休闲度假、观光娱

乐、农事体验的多种乡村旅游形式。1987年成都郫县(今郫都区)农科村举办第一届桃花节,率先进行了以"农家乐"为载体的乡村旅游尝试。到20世纪90年代初,如北京、浙江等地的城市郊区,部分农民也开始自发或在政府鼓励支持下利用自有庭院开展"农家乐"旅游,标志着我国农村以"农家乐"为主要形式的乡村旅游的兴起,同时也带动了农村闲置农房的盘活利用。

这一阶段以发展"农家乐"为主要形式的闲置农房盘活利用,具有农民自发组织,依托闲置农房、农村土地和乡土特色风貌等,提供简单的餐饮、住宿等特点。这一阶段对"农家乐"形式的界定、定位、功能等在认识上相对比较模糊,仅仅是开启了闲置农房盘活利用新的初级模式。虽然有的得到国家"扶贫"政策支持,但从整体上看,仍然具有自发性和盲目性发展的特点,该阶段因主要是探索期,围绕农村土地和房屋等支持"农家乐"发展的一些政策体系暂未受到过多关注。

二、引导阶段(1996—2005年):农家乐规范发展

20世纪90年代,为促进"三农"问题的解决,国家和各地政府开始关注并在政策等方面支持和引导"农家乐"的发展。1998年,国家旅游局(现中华人民共和国文化和旅游部,下同)推出"华夏城乡游",提出"吃农家饭,住农家院,做农家活,看农家景,享农家乐"的口号。国家旅游局将1999年确定为"生态旅游年",大力开展乡村农业生态旅游,极大地推动了我国以"农家乐"为主要形式的乡村旅游的发展。进入21世纪,我国的"农家乐"迈入了大众化休闲旅游的新阶段,逐渐成为乡村旅游发展的主流和热点。为了促进"农家乐"的发展,中央和各级政府加大了鼓励支持的力度,特别是2007年中央一号文件强调:"建设现代农业,必须注重开发农业的多种功能,向农业的广度和深度进军,促进农业结构不断优化升级。"2010年和2013年,农业部(现中华人民共和国农业农村部,下同)和国家旅游局先后两次发出关于开展全国休闲农业与乡村旅游示范县和全国休闲农业示范点创建活动的通知,以示范创建活动为抓手,配套完善相关政策和措施,推动了我国以"农家乐"为主要形式的乡村旅游质量的提升和规范化管理,同时也带动了闲置农房盘活利用的提档升级和规范化。

这一阶段的突出特征是各地政府通过编制乡村旅游发展规划、制订星级"农家乐"评定标准和管理制度,逐步使乡村旅游走向了规范化管理。这一时期"农家乐"不仅在数量上快速增长,而且在质量上也有很大提升,由最初一家一户分散的业态,逐渐发展到"休闲游""民俗游""村寨游""农庄游""渔家乐""牧家乐"等具有地域性、代表性、品牌化的多种乡村旅游模式。与此同时,随着重庆市经济快速发展和市民收入水平的不断提高,城郊乡村旅游需求逐步释放,加之重庆市夏季高温,市民对避暑休闲需求增强,极大地推动了石柱黄水镇、武隆仙女山镇、万盛黑山镇等避暑资源丰富区域"农家乐"的发展和闲置农房的盘活利用。

三、提质阶段(2006—2016年):民宿引领发展

21世纪以后,在规范化经营的基础之上,为满足市民不断增长的多元化、个性化、品质化休闲旅游需求,推动"农家乐"向精品化、高端化发展,部分区域借鉴我国台湾地

区和日本等地的民宿发展的经验,逐步开启了以民宿为主要形式的闲置农房盘活利用模式。浙江等地依托优美的自然环境和苏杭地区传统的历史文化资源开展了"精品民宿"等尝试。在网络技术的助推下,民宿产业得以迅速发展。

对于民宿的认识,部分台湾学者认为民宿是利用自家闲置用房,结合当地的旅游资源并为游客提供住宿服务的场所。利用自家的闲置用房则说明民宿具有较小的体量,注重家的氛围。大陆也有学者认为民宿是指利用家庭现有的闲置房间,由家庭成员进行经营,并结合当地特色化的旅游资源和体验活动,为游客提供具有家庭氛围的小型餐饮住宿场所。为此,发展民宿便成为闲置农房盘活利用的一种新业态、新模式。重庆市围绕精准扶贫和农村土地制度改革工作,通过盘活利用闲置农房和宅基地,开发打造了以"巴渝民宿"(图1.3)为代表的乡村民宿品牌,开创了乡村旅游体验新模式。

图1.3　重庆巴渝民宿项目

四、推进阶段(2016年至今):创新推进发展

党的十八大以来,不断践行的"绿水青山就是金山银山"理念和乡村振兴战略实施以及美丽乡村和田园综合体建设,为民宿,特别是利用闲置农房发展乡村民宿创造了机遇和条件,以盘活利用农村闲置农房为抓手的乡村民宿发展得到国家和各级政府在规划、资源、土地、房屋等诸多方面的政策支持,呈现大规模、集群式、特色化、精品化、高端化发展趋势。

2015年11月,《国务院办公厅关于加快发展生活性服务业促进消费结构升级的指导意见》(国办发〔2015〕85号)明确提出积极发展客栈民宿、短租公寓、长租公寓等细分业态,并将其定性为生活性服务业,将在多维度给予政策支持。乡村民宿已成为乡村旅游的重要载体,我国民宿业的发展进入新的阶段。2016 年 1 月,《中共中央国务院关于落实发展新理念加快农业现代化实现全面小康目标的若干意见》(中发〔2016〕1 号)明确指出要大力发展休闲农业和乡村旅游,有规划地开发休闲农庄、乡村酒店、特色民宿、自驾露营、户外运动等乡村休闲度假产品。2016 年 3 月,国家发展改革委、中宣部、科技部等十部门出台的《关于促进绿色消费的指导意见》提出持续发展共享经济,鼓励个人闲置资源有效利用,有序发展民宿出租等。

　　面对城市污染短时间无法改善的困局,以及城市食品安全等巨大威胁,人们开始呼唤绿色、渴望自然、向往田园。以乡村民宿为主要载体的,以休闲度假和农事体验为主要形式的乡村旅游将成为休闲旅游发展模式和产品形式的主流。

第二章　重庆市闲置农房盘活利用的条件

　　闲置农房的产生、演变和盘活利用是区域内多种因素综合作用的结果。区域内自然资源、经济社会资源、人文资源是闲置农房盘活利用的重要支撑，资源的不同组合是闲置农房差异化、特色化盘活利用的重要依托。下面从三个方面对重庆市闲置农房盘活利用资源条件进行分析。

第一节　自然资源有基础

　　重庆位于中国内陆西南部、长江上游地区，辖区面积 8.24 万平方千米，是我国中西部地区唯一的直辖市，区位优势突出，战略地位重要，是西部大开发的重要战略支点，处在"一带一路"和长江经济带的联结点上。集"大城市、大农村、大山区、大库区"于一体是重庆市的显著特征，山地面积占 76%，故有"山城"之称。辖区内分布有大巴山、武陵山、大娄山等山脉，以及长江、嘉陵江、乌江等水系，形成了渝西方山丘陵区、渝中平行岭谷低山丘陵区、渝南中山丘陵区、渝东北中山区、渝东南中低山区等五大地貌单元。多样的地貌单元造就了丰富的旅游、避暑、休闲农业等品牌资源。重庆市高程图如图 2.1 所示。

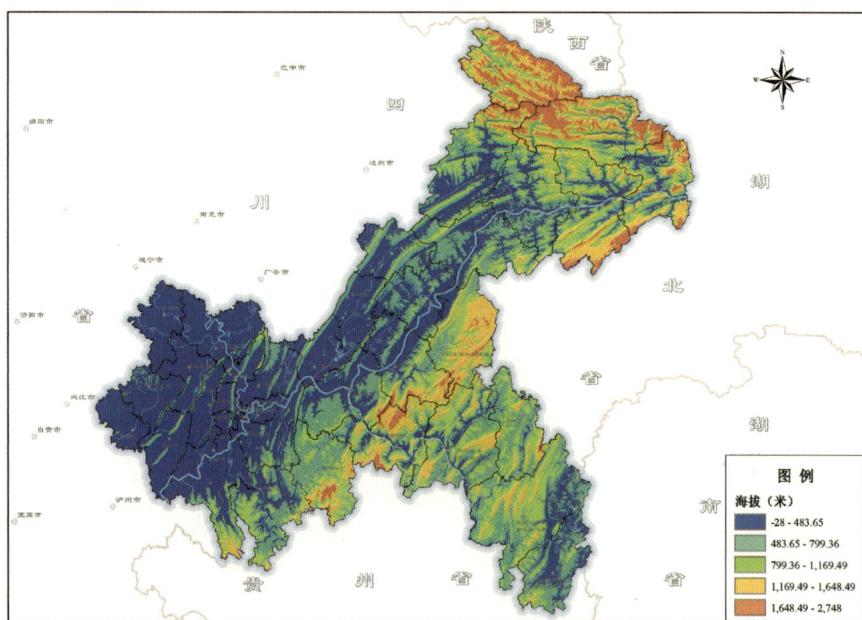

图 2.1　重庆市高程图

一、旅游资源丰富

重庆属于亚热带季风性湿润气候,拥有山、水、林、泉、瀑、峡、洞等自然景色。截至2017年年底,重庆市有世界文化遗产1个(大足石刻),世界自然遗产2个(重庆武隆喀斯特、重庆金佛山喀斯特),国家重点风景名胜区7个,国家森林公园26个,国家地质公园8个,国家级自然保护区7个,全国重点文物保护单位55处。据《2018年重庆市旅游业统计公报》,截至2018年年底,重庆市共有239个A级景区,其中:5A级8个,4A级92个,3A级81个,2A级57个,1A级1个。丰富的旅游资源为闲置农房的盘活利用提供了有利的资源依托。

二、避暑资源优越

根据《重庆市避暑休闲地产规划(2014—2020年)》,重庆市具备避暑气候资源的区域面积为2.7万平方千米,占总面积的33%,适宜避暑休闲地产开发的可建设用地面积为99平方千米,共46个片区,主要分布在渝南大娄山、渝东北大巴山、渝东南武陵山三大区域,其中江津四面山、綦江古剑山、万盛黑山、南川金佛山、万州铁峰山、万州罗田、石柱冷水和武隆—涪陵—丰都大仙女山等8个片区开发条件相对优越。重庆市避暑资源分布如图2.2所示。优越的避暑休闲资源为闲置农房的盘活利用提供了有利的自然条件。

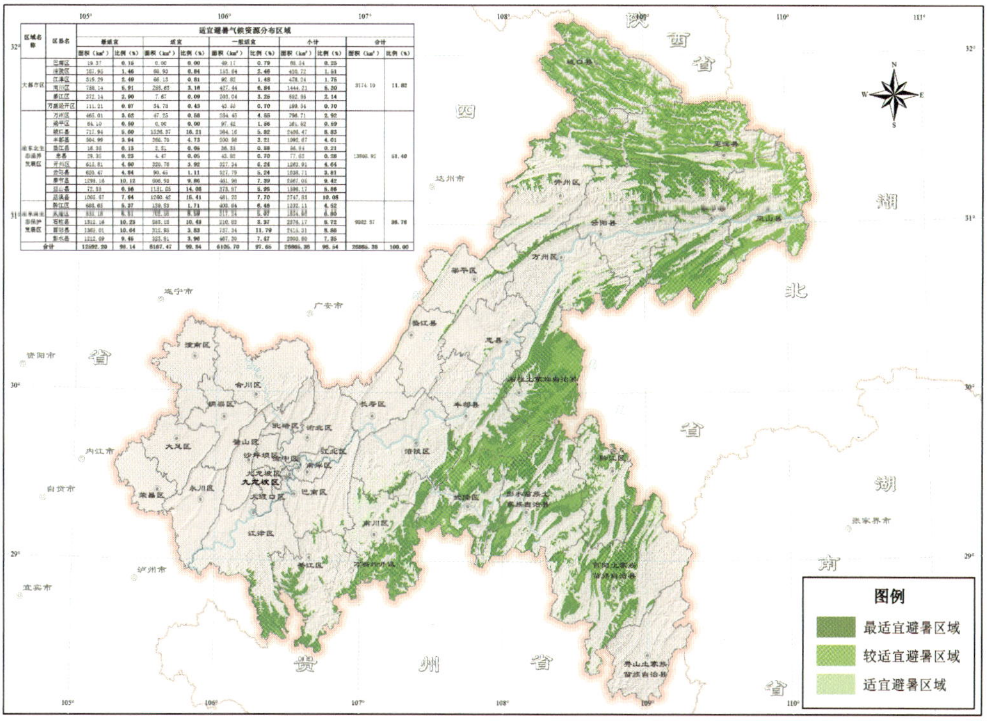

图2.2　重庆市避暑资源分布图

三、休闲农业多样

截至 2018 年,重庆市已创建全国休闲农业和乡村旅游示范县 12 个、示范点 23 个,中国美丽田园 11 个,中国最美休闲乡村 20 个;2019 年认定重庆市休闲农业与乡村旅游示范乡镇 105 个、重庆市休闲农业和乡村旅游示范村(社区)182 个、重庆市休闲农业和乡村旅游示范村点 301 个。重庆市休闲农业分布如图 2.3 所示。多样的休闲农业品牌(见表 2.1)为闲置农房盘活利用提供了有利的发展基础。

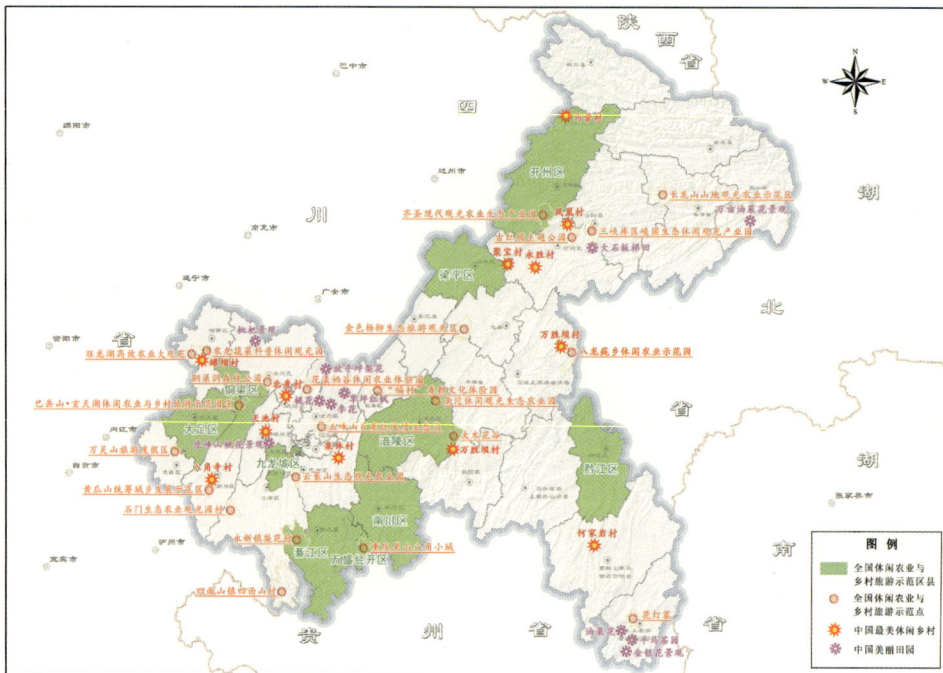

图 2.3　重庆市休闲农业分布图

表 2.1　重庆市国家级休闲农业品牌名单

序号	资源品牌	资源全称	品牌授予部门	品牌级别	品牌授予年份	所在区县
1	全国休闲农业和乡村旅游示范县	重庆市涪陵区	农业部	国家级	2017 年	涪陵区
2		重庆市綦江区	农业部	国家级	2017 年	綦江区
3		重庆市合川区	农业部	国家级	2016 年	合川区
4		重庆市潼南区	农业部	国家级	2016 年	潼南区
5		重庆市铜梁区	农业部	国家级	2015 年	铜梁区
6		重庆市万盛经济技术开发区(以下简称"万盛经开区")	农业部	国家级	2015 年	万盛经开区
7		重庆市开县(今开州区,同下)	农业部	国家级	2015 年	开州区
8		重庆市武隆县(今武隆区,同下)	农业部	国家级	2014 年	武隆区

续表

序号	资源品牌	资源全称	品牌授予部门	品牌级别	品牌授予年份	所在区县
9	全国休闲农业和乡村旅游示范县	重庆市黔江区	农业部	国家级	2013 年	黔江区
10		重庆市南川区	农业部	国家级	2012 年	南川区
11		重庆市大足县（今大足区）	农业部	国家级	2011 年	大足区
12		重庆市九龙坡区	农业部	国家级	2010 年	九龙坡区
1	全国休闲农业和乡村旅游示范点	荣昌区万灵山旅游度假区	农业部	国家级	2015 年	荣昌区
2		云阳县三峡库区峻圆生态休闲观光产业园	农业部	国家级	2015 年	云阳县
3		石柱县八龙莼乡休闲农业示范园	农业部	国家级	2015 年	石柱县
4		奉节县长龙山山地观光农业示范区	农业部	国家级	2015 年	奉节县
5		忠县金色杨柳生态旅游观光区	农业部	国家级	2015 年	忠县
6		涪陵区南沱休闲观光生态农业园	农业部	国家级	2014 年	涪陵区
7		铜梁区巴岳山·玄天湖休闲农业与乡村旅游示范园区	农业部	国家级	2014 年	铜梁区
8		开县奇圣现代观光农业生态产业园	农业部	国家级	2014 年	开州区
9		合川区铜梁洞森林公园友缘山庄	农业部	国家级	2014 年	合川区
10		北碚花漾栖谷休闲农业体验园	农业部	国家级	2013 年	北碚区
11		渝北玉峰山百果红风情生态沟	农业部	国家级	2013 年	渝北区
12		秀山县花灯寨	农业部	国家级	2013 年	秀山县
13		巴南区云篆山生态观光农业园	农业部	国家级	2012 年	巴南区
14		潼南县（今潼南区）旺龙湖高效农业大观苑	农业部	国家级	2012 年	潼南区
15		万盛经开区重庆黑山八角小城	农业部	国家级	2012 年	万盛经开区
16		江津区石门生态农业观光园	农业部	国家级	2012 年	江津区
17		江津区四面山镇四面村	农业部	国家级	2011 年	江津区
18		长寿区"福村"香耕村文化体验园	农业部	国家级	2011 年	长寿区
19		綦江县永新镇梨花山	农业部	国家级	2011 年	綦江区
20		重庆市永川区黄瓜山统筹城乡发展示范区	农业部	国家级	2010 年	永川区
21		农龙蔬菜科普休闲观光园	农业部	国家级	2010 年	潼南区
22		万州古红橘主题公园	农业部	国家级	2010 年	万州区
23		大木花谷	农业部	国家级	2010 年	涪陵区

续表

序号	资源品牌	资源全称	品牌授予部门	品牌级别	品牌授予年份	所在区县
1	中国美丽田园	重庆市巫山县万亩油菜花景观	农业部	国家级	2014 年	巫山县
2		重庆市沙坪坝区虎峰山桃花景观	农业部	国家级	2014 年	沙坪坝区
3		重庆市万州区大石板梯田	农业部	国家级	2014 年	万州区
4		重庆市合川区枇杷景观	农业部	国家级	2014 年	合川区
5		重庆市秀山县金银花景观	农业部	国家级	2014 年	秀山县
6		重庆市渝北区古路镇草坪红枫景观	农业部	国家级	2014 年	渝北区
7		重庆市秀山县溪场镇油菜花景观	农业部	国家级	2013 年	秀山县
8		重庆市渝北区木耳镇桃花景观	农业部	国家级	2013 年	渝北区
9		重庆市渝北区放牛坪梨花景观	农业部	国家级	2013 年	渝北区
10		重庆市秀山县洪安镇平马茶园景观	农业部	国家级	2013 年	秀山县
11		重庆市统景镇印盒村李花景观	农业部	国家级	2013 年	渝北区
1	中国美丽休闲乡村	重庆市长寿区邻封村	农业农村部	国家级	2018 年	长寿区
2		重庆市万州区楠桥村	农业农村部	国家级	2018 年	万州区
3		重庆市江津区黄庄村	农业农村部	国家级	2018 年	江津区
4		重庆市綦江区万隆村	农业农村部	国家级	2018 年	綦江区
5		重庆市石柱县八龙村	农业农村部	国家级	2018 年	石柱县
6		重庆市梁平区聚宝村	农业部	国家级	2017 年	梁平区
7		重庆市石柱县万胜坝村	农业部	国家级	2017 年	石柱县
8		重庆市永川区八角寺村	农业部	国家级	2017 年	永川区
9		重庆市北碚区北泉村	农业部	国家级	2017 年	北碚区
10		重庆市开州区马营村	农业部	国家级	2016 年	开州区
11		重庆市酉阳县何家岩村	农业部	国家级	2016 年	酉阳县
12		重庆市万州区永胜村	农业部	国家级	2016 年	万州区
13		重庆市潼南区罐坝村	农业部	国家级	2016 年	潼南区
14		重庆市武隆县木根村	农业部	国家级	2016 年	武隆区
15		重庆市城口县兴田村	农业部	国家级	2015 年	城口县
16		重庆市垫江县毕桥村	农业部	国家级	2015 年	垫江县
17		重庆市巫溪县观峰村	农业部	国家级	2015 年	巫溪县

续表

序号	资源品牌	资源全称	品牌授予部门	品牌级别	品牌授予年份	所在区县
18	中国美丽休闲乡村	重庆市巴南区集体村	农业部	国家级	2014 年	巴南区
19		重庆市璧山区天池村	农业部	国家级	2014 年	璧山区
20		重庆市万州区凤凰村	农业部	国家级	2014 年	万州区

注:①秀山县为秀山土家族苗族自治县的简称,以下同。
　　②西阳县为西阳土家族苗族自治县的简称,以下同。
　　③石柱县为石柱土家族自治县的简称,以下同。

第二节　经济社会有支撑

　　截至 2016 年年底,重庆市辖区内共有 38 个区县,190 个乡,622 个镇,216 个街道办事处,3 048 个居委会,8 068 个村委会,见表 2.2。其中,超过 90% 的村委会集中分布在渝东北、渝西和渝东南片区。重庆市行政区划如图 2.4 所示。

表 2.2　2016 年重庆市行政区划情况表　　　　　　　　　单位:个

行政区划	乡	镇	街道办事处	居委会	村委会
重庆市	190	622	216	3 048	8 068
主城区	0	69	93	942	760
渝西片区	12	226	67	930	2 719
渝东北片区	93	235	39	840	3 413
渝东南片区	85	92	17	336	1 176

图 2.4　重庆市行政区划

一、区域经济稳步发展

近年来,重庆市全面落实习近平总书记对重庆提出的"两点"定位、"两地""两高"目标,发挥好"三个作用"重要指示要求,社会经济稳步发展,2018 年实现地区生产总值 20 363.2 亿元,同比增长 6.0%。重庆市农村经济保持着良好的发展态势,近五年来第一产业生产总值不断增长,2018 年达 1 378.27 亿元,同比增长 4.4%,如图 2.5 所示。

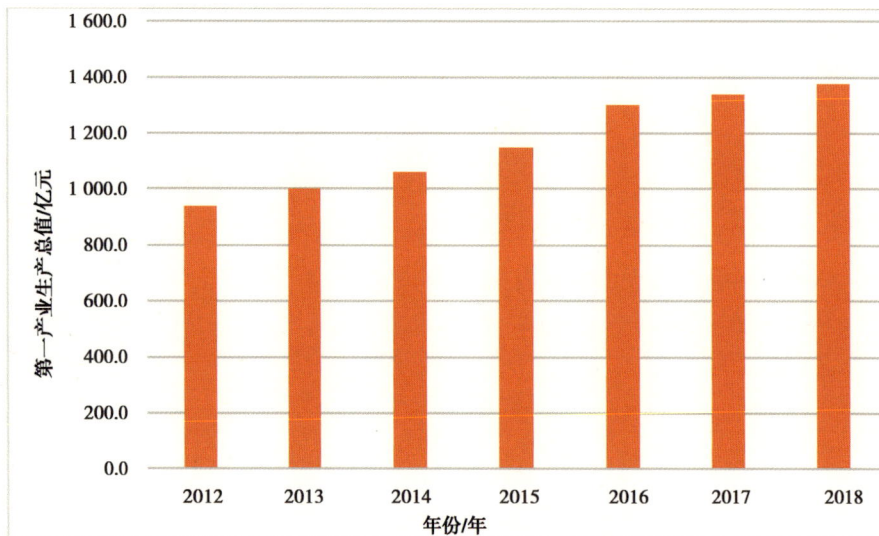

图 2.5 重庆市第一产业生产总值变化图

数据来源:重庆市统计年鉴。

二、消费需求不断升级

重庆市 2018 年人均 GDP 达到 9 983 美元,居民服务和享受型消费比重不断提高,居民的旅游需求逐渐由单一的观光向多样化和个性化需求转变,消费需求不断升级。同时,作为乡村旅游主力军之一的老年人口也在逐渐增加,据统计,2017 年全市 65 岁以上老年人口 407 万人,占总人口的 13.2%。随着全市居民消费升级和老龄化社会的到来,乡村旅游潜在需求增加,为闲置农房盘活利用提供了广阔的市场前景。

三、基础设施日益完善

近年来,重庆市交通基础设施飞速发展,2017 年高速公路通车里程 3 023 km,"四小时重庆"全面实现,建成"一枢纽十干线"铁路网,港口年货运吞吐量 2 亿吨,江北国际机场年旅客吞吐量 3 872 万人次。内陆开放高地加快崛起,以长江黄金水道、中欧班列(重庆)等为支撑的开放通道全面形成,中新第三个政府间合作项目以重庆为中心运营,国际陆海贸易新通道建设列入"一带一路"项目库,中国(重庆)自由贸易试验区建设务实推进,内陆国际物流枢纽和口岸高地正在形成。重庆市区域内外交通通达性将大大提高,乡村发展迎来契机。重庆市各区县公路密度分布如图 2.6 所示。

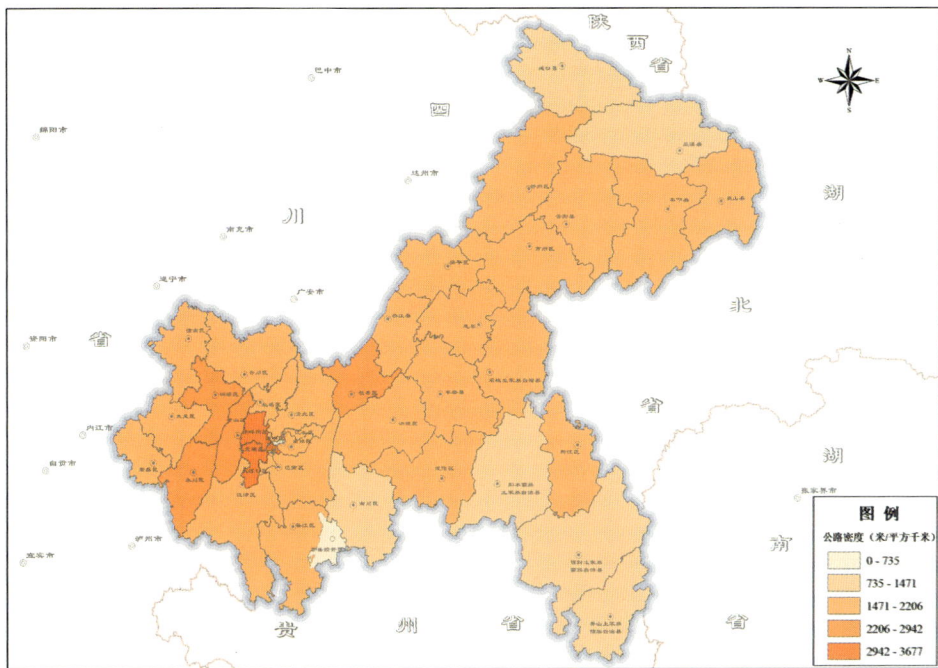

图 2.6　重庆市各区县公路密度分布图

第三节　人文资源有特色

一、移民文化独特

人口迁徙大大促进了民族文化的交流,重庆地区的人口迁徙开始于远古时期,比较有影响力的迁移活动包括前秦时期的巴人起源与发展迁徙(远古人类产生至秦灭六国)、秦汉时期的中原移民入巴、两晋南北朝时期的僚人入蜀、唐宋时期的巴渝地区内外移民、明清时期的"湖广填四川"。其中,发生于明清时期的"湖广填四川"移民活动规模浩大,对重庆社会和历史文化的演变产生了深远影响,形成了秦、湘、楚、赣、闽粤等文化与巴渝本土文化不断交流渗透的新格局,重庆建筑文化也得以丰富、多彩。明清时期重庆市移民来源情况见表2.3。

表2.3　明清时期重庆市移民来源情况

序号	行政区	移民来源	序号	行政区	移民来源
1	永川区	江西、湖广	7	潼南区	广东、江西、湖广
2	长寿区	福建	8	秀山县	湖广、江西、福建
3	綦江区	广东、江西、湖广	9	铜梁区	湖广、江西
4	江津区	江西	10	酉阳县	陕西、湖广、江西
5	合川区	湖广	11	荣昌区	江西
6	垫江县	湖广	12	璧山区	湖广

续表

序号	行政区	移民来源	序号	行政区	移民来源
13	丰都县	湖广	20	彭水县	江西、湖广、四川
14	巫山县	福建	21	渝中区	湖广
15	石柱县	湖广、江西	22	九龙坡区	江西、湖广
16	万州区	湖广	23	南岸区	湖广
17	涪陵区	四川	24	渝北区	湖广
18	云阳县	湖广、江西	25	巴南区	江西
19	黔江区	湖广、江西、陕西			

注:①湖广:作为地名,在明清时代及其以后指两湖,即湖北、湖南。
②彭水县为彭水苗族土家族自治县的简称,以下同。

二、民族文化多彩

重庆历来是多民族聚居地,拥有黔江区、秀山县、酉阳县、彭水县和石柱县等 5 个民族自治区县,以及万州区恒合、地宝等 14 个民族乡。根据第六次全国人口普查数据显示,重庆市常住人口 2 884.6 万人,其中少数民族人口合计 193.7 万人,占比 6.7%。少数民族人口最多的为土家族,达到 139.9 万人,占总人口的 5%,其次是苗族、回族、彝族、蒙古族等。重庆市部分少数民族分布情况见表 2.4。

表 2.4 重庆市部分少数民族分布情况

民 族	人口/万人	分 布	备 注
土家族	139.9	酉阳县、石柱县、黔江区、彭水县、万州区、忠县、云阳县、奉节县、巫山县、武隆区	10 个土家族乡:万州区恒合、地宝,忠县磨子,云阳县清水,奉节县云雾、龙桥、长安、太和,巫山县红椿、邓家
苗 族	48.3	酉阳县、秀山县、黔江区、綦江区、武隆区	3 个苗族土家族乡:武隆区文复、石桥、后坪
回 族	0.9	渝中区、沙坪坝区	
彝 族	0.6	綦江区	
蒙 古	0.6	彭水县	
仡佬族	—	武隆区	武隆区浩口苗族仡佬族乡

三、民居形态多样

(一)重庆农房总量

经大数据统计和有效性筛选,截至 2016 年年底,重庆市农房总量约为 658 万栋,涉及 39 个区县(含万盛经开区),其中主城区约 79 万栋,渝西片区约 259 万栋,渝东北片区约 206 万栋,渝东南片区约 87 万栋,分别占重庆市农房总量的 12%,44%,31% 和

13%,见表2.5。闲置农房总量排名前五的区县分别是合川区、开州区、江津区、云阳县、丰都县。重庆农村住房如图2.7所示。

表2.5　重庆市农房总量分布表

区　域	合　计	主城区	渝西片区	渝东北片区	渝东南片区
农房总量/万栋	658	79	286	206	87
占比/%	100	12	44	31	13

图2.7　重庆农村住房

(二)农房建筑特色与文化

重庆位于四川盆地东部,是古巴国所在地,其建筑形态受川东地区地理、人文环境的影响,具有典型的川东民居特点。

1.空间分布:依山傍水,带状分布

重庆具有明显的"温暖、多雨、风缓"等气候特征,同时山多水密,地形地势较为复杂,居民养成了在山水相夹的带状阶地上居住的习性,即"泽水而居、傍山而栖"。这种居住习性一方面便于居民获取生活必需的水源,以及通过水道进行商业贸易和交通运输;另一方面为居民聚居生活提供安全保障。因此,"背山靠水"之地是重庆传统民居聚集的主要区域,具有明显的"带状"空间分布特征。

2.建筑形态:"干栏"与"吊脚"别具一格

受温热潮湿、降雨频繁的气候影响,"干栏"式建筑形态在重庆地区普遍存在,该建筑形态多见于长江以南的地区,是由传统的巢居发展演变而来的。除了干栏式建筑,在其基础之上演变而来的"吊脚楼"也广泛分布在重庆地区。与干栏式不同的是,吊脚楼架空层一般不做任何使用,主要起居在第二层及以上。吊脚的高低可以地形坡度等灵活设置,因此吊脚式的建筑形态对地形坡度的适应性更强,而且减少了对地形地貌的破坏与改变。

3. 建筑要素:富有地域特色

从建筑要素来看,重庆市传统民居地域特色主要体现在以下两个方面:一是传统民居多就地取材,当地的砂石、竹木、石材等自然材料均可以作为建筑材料,建筑具有较强的包容性;二是传统民居多采用青灰色调,具有较为厚重的历史感,各种雕花装饰更见匠心,山墙穿斗、竹编泥墙、屋脊龙虎等装饰具有浓郁的巴渝民居特色和较高的艺术价值。

(三)巴渝民居典型建筑形态

重庆历史文化极具开放性和兼容性,人口迁徙带来的文化冲击和交融,使得巴渝地区民居建筑形态丰富多样,重庆市传统民居的地域特色和民居风貌很大程度上与明清时期两次大规模的"湖广填四川"移民相关。

1. 吊脚楼式民居

吊脚楼是重庆市独特的地形环境下形成的传统民居形式,主要集中在渝西和渝东南地区,特别是沿长江、嘉陵江、乌江等区域。吊脚楼属于半干栏式民居,其下部立木桩以依地形,上部搁置楼板为屋基,将房屋的前半间托起,后半间则背靠高山,凿崖为坪。现存的吊脚楼式传统民居集中分布在渝东南少数民族地区,渝东北片区的路孔(现名万灵)、宁厂、塘河、东溪、中山等镇也有分布,如图2.8所示。

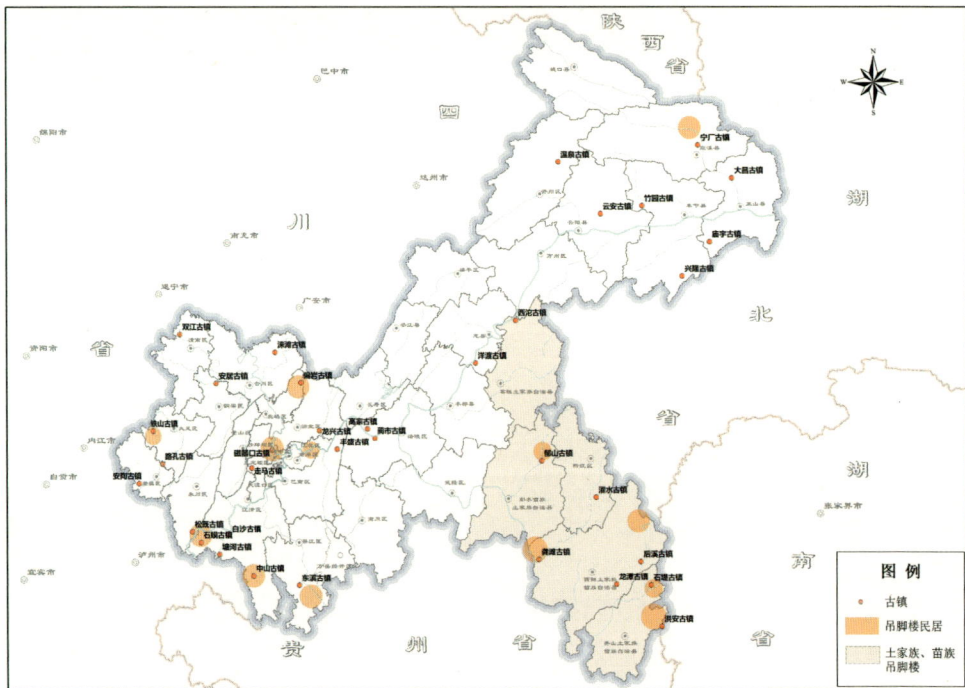

图2.8　重庆市吊脚楼式民居分布图

2. 碉楼式民居

碉楼属于防御性建筑,因战乱、土匪横行等原因而修建。重庆市碉楼式民居是碉楼与住宅的结合体,从组合关系上可以分为附着型、嵌入型、围合型三类;从建筑材料上又可分为土碉楼或石碉楼,其中土碉楼分布较为广泛,石碉楼防御性能强。现存的碉楼式民居主要分布在以万州为中心向周边区县辐射区域,以及南川、涪陵、巴南交界处区域和石柱等区县。图2.9所示为重庆石柱碉楼式民居。图2.10为重庆市碉楼式民居分布图。

图2.9　重庆石柱碉楼式民居

图2.10　重庆市碉楼式民居分布图

3. 客家民居堂横屋、土楼

客家人迁入重庆的时间为清朝康熙到乾隆年间,迁入路径是由湖南、湖北经三峡进入,并最终在重庆市江津、合川、涪陵等地聚居。随着与当地文化的碰撞交流,客家民居应运而生。现存的客家民居主要集中在荣昌盘龙镇和涪陵大顺场等地,其中盘龙镇民居建筑为典型的闽粤籍的堂横屋,涪陵大顺场民居建筑是以赣南围屋为原型的土楼。图 2.11 所示为重庆市客家民居分布图。

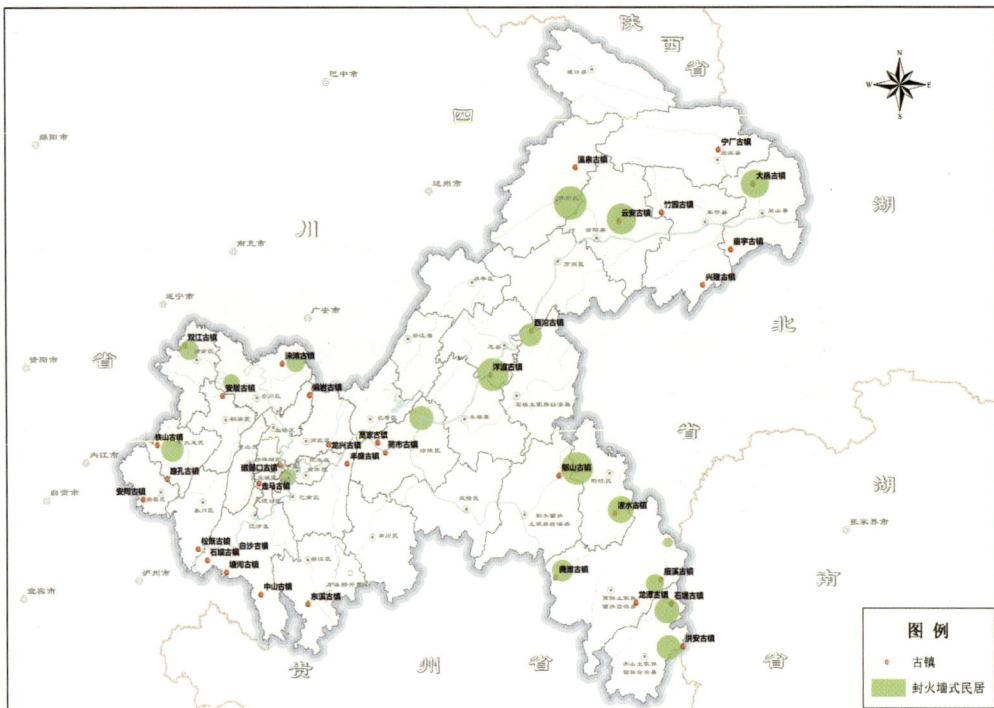

图 2.11　重庆市客家民居分布图

4. 封火墙式民居

封火墙式民居是重庆市传统民居受移民文化影响最直接的体现。其主要建筑技术——封火墙原自徽派民居,于明清时期随“江西填湖广”“湖广填四川”“川盐济楚”运动传入重庆。与其他形制民居不同,重庆市传统建筑封火墙主要运用在大型宅院的局部或寺庙会馆,传统民居中的应用比较少。现存的封火墙式民居主要集中在三峡水路移民通道上以及川盐古道上的盐业重镇,如云安古镇、大昌古镇、龚滩古镇、龙潭古镇等,如图 2.12 所示。

图 2.12　重庆市封火墙式民居分布图

第三章　重庆市闲置农房资源调查与分析

摸清闲置农房"家底"是盘活利用闲置农房的前提及重要环节。当前，闲置农房的调查方法以入户调查或者抽样调查为主，此方法在小范围内比较适用。随着大数据时代的到来，部分地区和部门开始应用用电大数据对闲置农房进行调查统计。我们采用大数据调查和实地核查两种方法相结合的方式对重庆市闲置农房进行了调查统计。

第一节　调查方法与数据来源

应用用电大数据对重庆市闲置农房进行调查（即大数据调查法），从数量上全面掌握重庆市闲置农房总量，并以此测算农房闲置率，与区域资源等进行叠加分析，同时采取实地核查方法对闲置农房的特征及闲置原因进行核查。

一、大数据调查法

（一）闲置农房的闲置时长确定

对于闲置农房的判定标准，学界一般将连续一年无人居住或使用，或者一年内基本不居住或使用的确定为闲置农房。因此，结合数据的可获得性，我们将"一年"作为闲置农房闲置时长标准，即连续 12 个月用电量低于某一阈值的农房为闲置农房。

（二）闲置农房用电阈值确定

目前，学界尚缺乏对闲置农房用电量的有关研究，也无房屋用电量判定农房闲置的标准。从实践来看，我国台湾地区将每月用电 50 度（1 度 =1 千瓦时）作为城镇闲置房屋的用电阈值，即月度用电量低于 50 度为闲置房屋。我们对重庆市农村居民每月用电数据统计后发现，每栋农房连续 12 个月每月用电量为 10 度时，数据（房屋数量）呈现明显的分段特征，如图 3.1 所示。通过对部分全年每月用电量低于 10 度的农房进行实地核查，发现该部分农房基本处于闲置状态。因此，我们将农房闲置用电阈值确定为 10 度。

（三）闲置农房判断标准

结合农房闲置时长和用电阈值，我们将连续 12 个月内每月用电量低于 10 度的农房视为闲置农房。需要说明的是，由于目前我国采用"一户一表"制，所以统计出的闲置农房为整栋闲置型。

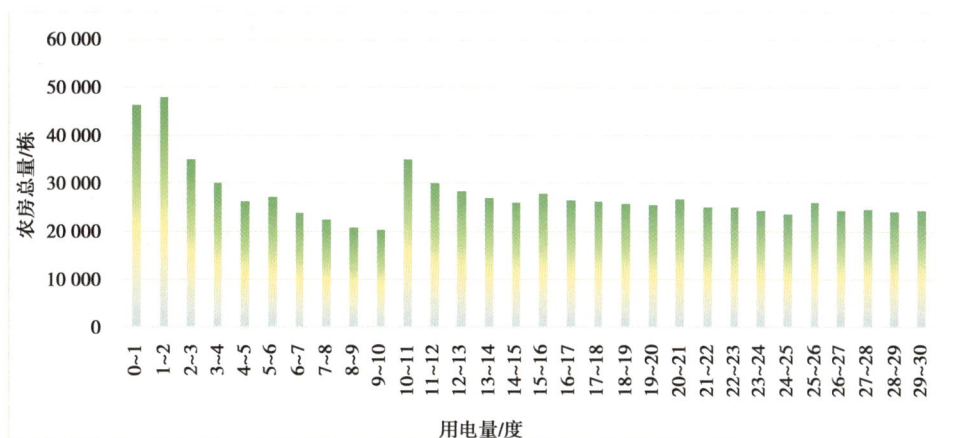

图 3.1　每月不同用电量的农房总量变化图

二、实地核查法

（一）核查样本的选取

为保证样本能够真实、准确地反映农房闲置的真实情况，在选取样本时，我们充分考虑区域闲置农房规模、经济水平、区位交通、产业类型（旅游、农业、工业等）、盘活利用情况以及核查便利性等因素，并将这些因素与区域发展规划相结合，分别选取了渝北区、巴南区、万盛经开区、大足区、城口县、奉节县、武隆区、石柱县，在每个区县中，又分别选取 1 个行政村，即渝北区石壁村、巴南区双寨村、万盛经开区凉风村、大足区东岳村、城口县平溪村、奉节县六垭村、武隆区荆竹村、石柱县建峰村等。

（二）核查区域基本概况

8 个行政村农房总量为 3 485 栋，其中，巴南区双寨村农房数量最多，为 840 栋；奉节县六垭村数量最少，仅 160 栋。巴南区双寨村闲置量最大，石柱县建峰村闲置量最小。渝北区石壁村农房闲置率最大，为 34.5%；万盛经开区凉风村闲置率最小，为 10.5%。调查区域农房基本情况如表 3.1 所示。

表 3.1　调查区域农房基本情况表

区　县	行政村	农房栋数/栋	闲置农房/栋	闲置率/%
渝北区	石船镇石壁村	278	96	34.5
巴南区	石滩镇双寨村	840	233	27.7
万盛经开区	关坝镇凉风村	401	42	10.5
大足区	宝顶镇东岳村	749	150	20.0
城口县	河鱼乡平溪村	346	94	27.2
奉节县	兴隆镇六垭村	160	43	26.9
武隆区	仙女山镇荆竹村	495	82	16.6
石柱县	中益乡建峰村	216	30	13.9

（三）核查内容

一是核查农房实际利用状况，核验闲置农房判定标准的科学性和准确性；二是核查闲置农房特征，包括数量、分布及特点、产权、闲置原因等；三是核查闲置农房盘活利用意愿；四是核查闲置农房盘活利用现状，包括数量、盘活利用方式、盘活利用形式、盘活利用程序，以及盘活利用中存在的问题和政策障碍等。

（四）核查方式

一是实地调查，核实闲置农房的用电情况（图3.2）、实际利用情况以及基本特征；二是走访调查，对农房主管部门、管理人员、村干部等进行走访调查，了解农房盘活利用现状及意愿；三是问卷调查，召集农房主人采用"深度访谈＋问卷调查"的方式，了解闲置农房的相关情况和盘活利用意愿。

图3.2　石柱县中益乡建峰村农房用电度数核查

第二节　闲置农房现状

一、重庆市闲置农房总量与分布

经数据统计和有效性筛选，2016年重庆市处于闲置状态的农房总量为155.9万栋，占农房总量的23.7%。重庆市闲置农房如图3.3所示。

（a）

（b）

图 3.3　重庆市闲置农房

（一）渝西和渝东北片区闲置农房较多

借助 ArcGIS 软件,将重庆市各区县和乡镇的闲置农房规模及闲置率进行空间分析,呈现以下特征:一是闲置农房相对集中在渝西和渝东北片区;二是开州区、合川区、云阳县、江津区的农房闲置总量相对较高,位列全市前四,如图 3.4、图 3.5 所示。

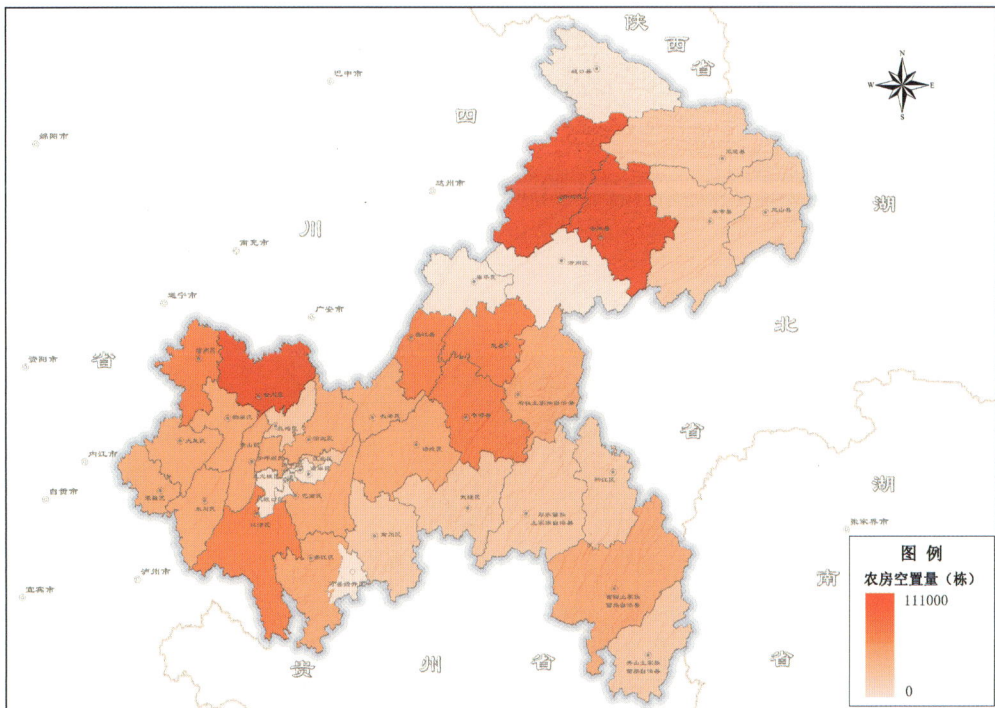

图 3.4　重庆市各区县闲置农房总量分布图

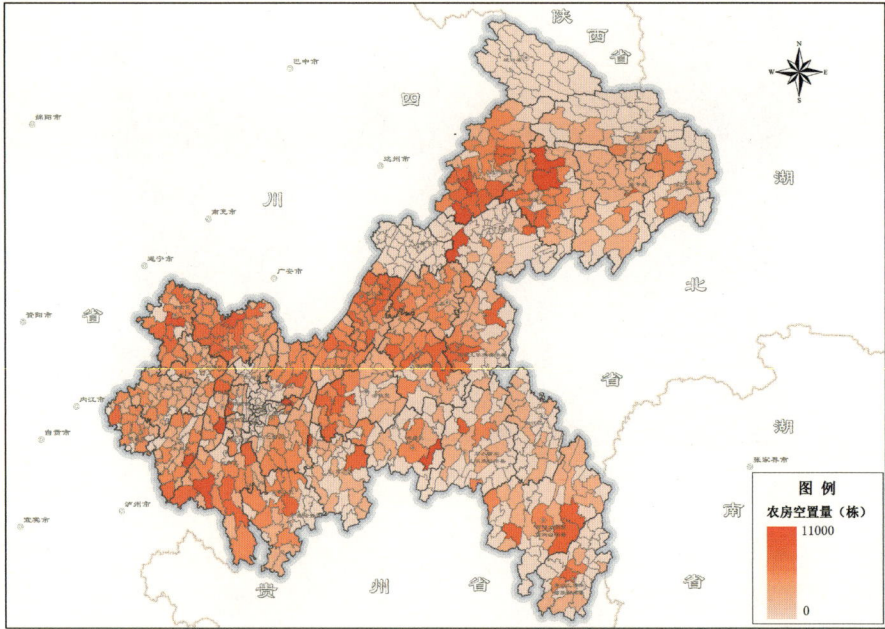

图3.5　重庆市各乡镇闲置农房总量分布图

(二)渝东北片区农房闲置率相对较高

渝东北片区农房闲置率较其他区域相对较高,石柱县、长寿区、渝北区的农房闲置率位列全市前三,如图3.6、图3.7所示。同时,农房闲置率与闲置规模大体呈正相关关系,即闲置农房数量越大的区县,其闲置率越高。

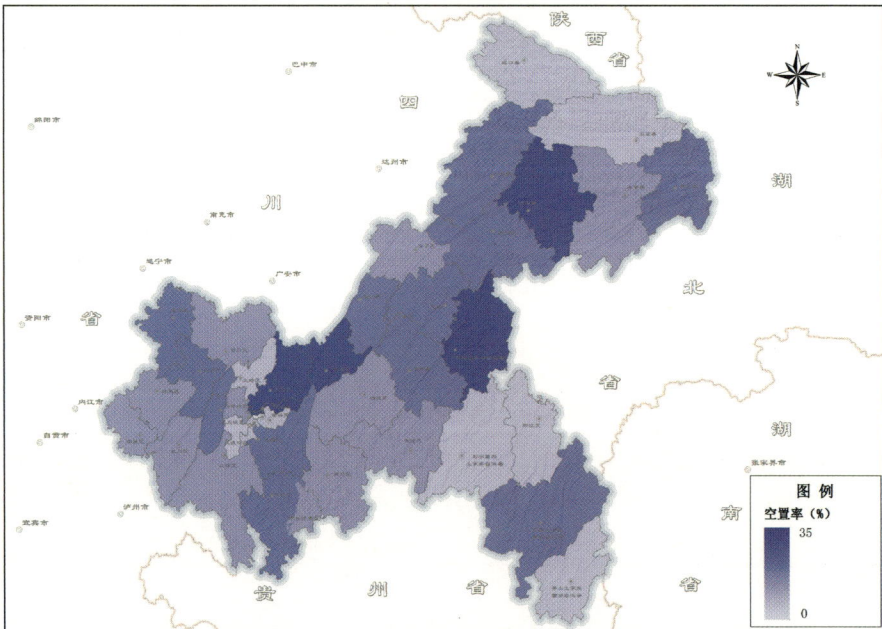

图3.6　重庆市各区县农房闲置率分布图

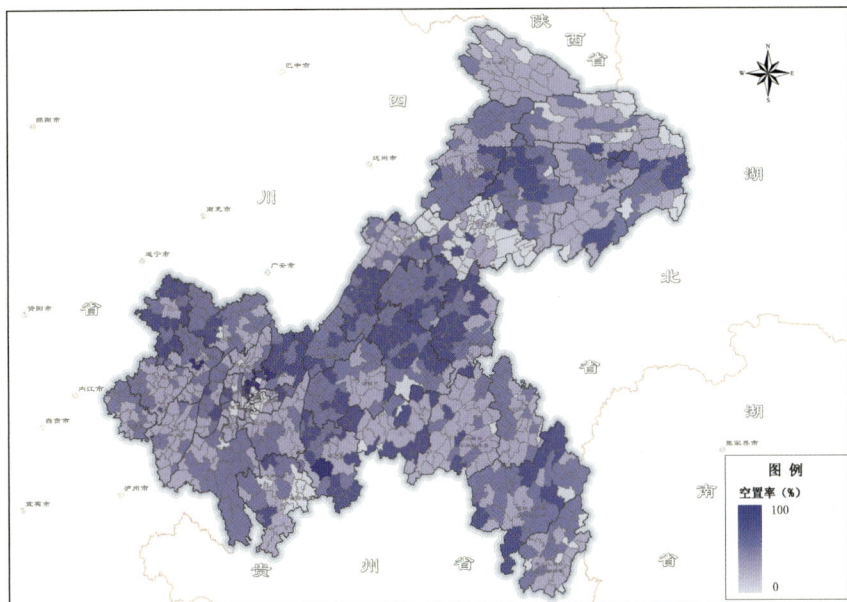

图3.7　重庆市各乡镇农房闲置率分布图

(三)闲置农房数量与经济社会发展水平关联密切

结合重庆市各区县特殊的自然地理环境,将影响农房闲置的因素分为人口因素、经济因素、交通因素三类,分别用常住人口、乡村常住人口作为人口因素表征指标;农林牧副渔总产值、乡村就业人口、农村居民人均纯收入作为经济因素表征指标;公路里程、平均海拔作为交通因素表征指标。

借助 SPSS 软件,将闲置农房分别与人口因素、经济因素、交通因素三类 7 个指标进行 Pearson 相关分析,定量揭示三类因素对农房闲置的影响,如表3.2所示。

表3.2　相关系数分析表

因　素	人口因素		经济因素			交通因素	
指标	闲置农房	常住人口	农林牧副渔总产值	乡村就业人口	农村居民人均纯收入	公路里程	平均海拔
闲置农房	1	0.521 **	0.801 **	0.741 **	0.763 **	0.026	0.549 **	− 0.173
常住人口	0.521 **	1	0.344 *	0.489 **	0.392 *	0.601 **	0.057	− 0.587 **
乡村常住人口	0.801 **	0.344 *	1	0.845 **	0.920 **	− 0.221	0.794 **	0.042
农业总产值	0.741 **	0.489 **	0.845 **	1	0.874 **	0.027	0.597 **	− 0.163
乡村就业人口	0.763 **	0.392 *	0.920 **	0.874 **	1	− 0.129	0.705 **	− 0.023
农村人均纯收入	0.026	0.601 **	− 0.221	0.027	− 0.129	1	− 0.524 **	− 0.806 **
公路里程	0.549 **	0.057	0.794 **	0.597 **	0.705 **	− 0.524 **	1	0.503 **
平均海拔	− 0.173	− 0.587 **	0.042	− 0.163	− 0.023	− 0.806 **	0.503 **	1

注:** 代表在 0.01 水平(双侧)上显著相关;* 代表在 0.05 水平(双侧)上显著相关。

研究结果显示,人口、经济、交通等因素对闲置农房的空间分布具有一定的影响。具体来看,常住人口规模越大,特别是乡村常住人口越多的区县,其闲置农房的规模就越大。闲置农房较多的区县,其经济发展水平相对较高,交通优势相对明显。

(四)贫困地区农房闲置率高于重庆市平均水平

截至2019年1月,重庆市有国家级贫困县9个,主要分布在渝东北和渝东南片区,分别是城口县、巫溪县、巫山县、奉节县、云阳县、开州区、酉阳县、彭水县、石柱县。9个国家级贫困县闲置农房总量约为42.2万栋,占重庆市闲置农房总量的27.1%;闲置率为24.4%,比重庆市平均水平高0.8个百分点。其中,开州区和云阳县是重庆市闲置农房最多的区县,石柱县是重庆市农房闲置率最高的区县,其他区县闲置农房规模与闲置率在重庆市排名如表3.3所示。在大力实施乡村振兴和精准扶贫战略下,贫困县的"沉睡资产"将被唤醒,闲置农房盘活利用将成为增收脱贫的重要抓手。近年来,重庆市城口县、巫溪县、酉阳县和彭水县以巴渝民宿为载体,逐步探索形成"共建共享、以房联营、以地入股、文旅融合、网络营销、社会参与"的发展模式,对贫困地区的建卡贫困户脱贫起到了非常重要的作用。

表3.3　重庆市国家级贫困县农房闲置量和闲置率排名

序　号	区　县	闲置数量排名	闲置率排名
1	城口县	34	38
2	开州区	1	13
3	云阳县	3	7
4	奉节县	22	32
5	巫山县	24	14
6	巫溪县	30	37
7	石柱县	16	1
8	酉阳县	14	11
9	彭水县	26	31

二、重庆市闲置农房特征

经大数据分析与实地核查,重庆市闲置农房具有如下特征。

(一)闲置农房大多产权明晰

近年来,随着重庆市农村确权工作的深入实施,农村确权工作取得重大进展。在调查的总样本中,已完成确权闲置农房量占总样本量的95%,仅有5%的闲置农房因一户多宅、危房等多种原因尚未完成确权。产权明晰是闲置农房盘活利用的合法性的前提,特别是对采用入股联营、租赁给企业或个人、征收再利用等盘活方式的闲置农房,明晰的产权将避免许多不必要的纠纷。

(二)闲置农房大多较为陈旧

从大数据分析来看,超过40%的闲置农房于2004年前建造,只有约20%的闲置农房为近5年建造(图3.8),总体上闲置农房大多较为陈旧;同时,实地核查发现,许多闲置农房因长期无人看管,出现不同程度的破损,尚需加固和维修才能继续使用(图3.9)。

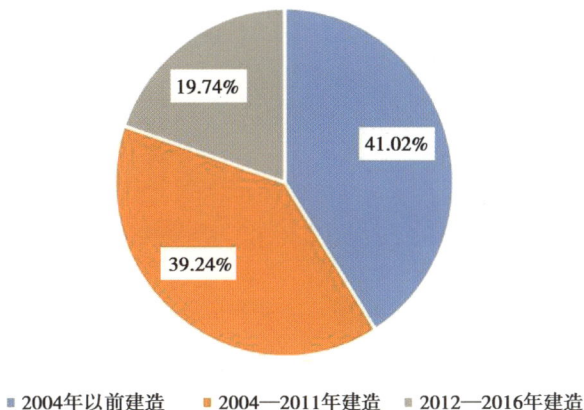

■ 2004年以前建造　■ 2004—2011年建造　■ 2012—2016年建造

图3.8　闲置农房建造年代占比图

图3.9　重庆市较陈旧的闲置农房

(三)闲置农房大多为部分闲置

在调查样本中,约60%的闲置农房为部分房间闲置,约40%的闲置农房为整栋闲置。较大规模的部分房间闲置农房(图3.10),有利于大多数原住农户更多地直接参与闲置农房的盘活利用,发展具有地方特色的乡村民宿。

图 3.10　重庆市部分闲置农房

第三节　闲置农房盘活利用意愿

为了了解重庆市农户对闲置农房盘活利用的意愿情况,以武隆区、奉节县等 8 个区县的 8 个行政村为案例地,采用"深度访谈 + 问卷调查"的方式展开调查,通过"现场 + 微信(网络)"收回有效调查问卷 550 份,从而对各主体盘活闲置农房的意愿与诉求有了进一步的了解。

一、样本基本情况

(一)农户户主年龄

在调查样本中,农户户主年龄主要集中在 36 岁以上,其中 36 ~ 45 岁的占调查总数的 27% ,46 ~ 59 岁的占 17% ,60 岁及以上的占 56% ,如图 3.11 所示。"青壮年外出,老年人留守"是导致农房闲置的主要原因。

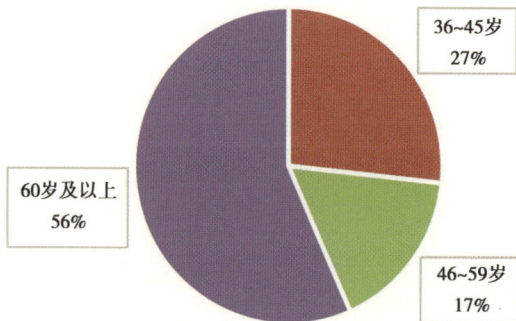

图 3.11　样本家庭户主年龄图

(二)农户户主文化程度

在调查样本中,农户户主文化程度普遍不高,77%的农户户主为小学及以下文化程度,20%的农户户主为初中文化程度,只有3%的农户户主是高中文化程度,本科及以上文化程度几乎没有,如图3.12所示。

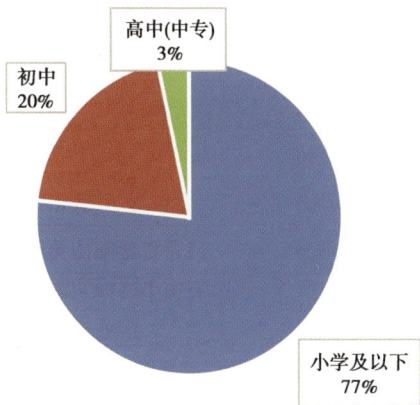

图 3.12　样本家庭户主的文化程度图

(三)农户家庭人口数

在调查样本中,农户家庭人口数为4人的占24%,7人的占20%,其他人口数量的农户人口数占比均在10%左右,如图3.13所示。

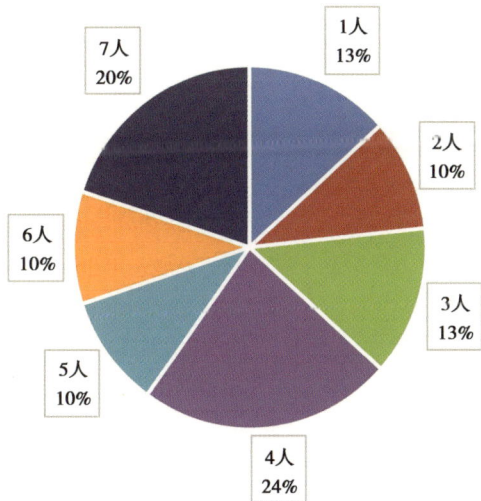

图 3.13　样本家庭人口数图

(四)农户家庭平均月收入

在调查样本中,农户家庭平均月收入普遍不高,其中60%的家庭平均月收入在1 000元及以下,只有20%的家庭平均月收入在2 000元及以上,如图3.14所示。

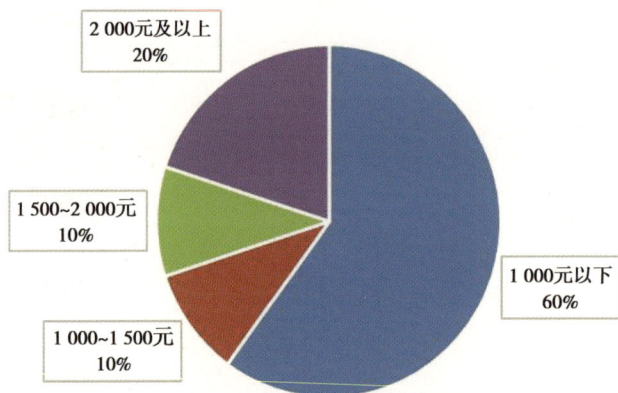

图3.14 样本家庭平均月收入图

（五）农户家庭收入来源

在调查样本中，农户家庭收入来源以务农为主的占53%，这在一定程度上反映了当地农民的收入普遍较低。收入相对较高的农户家庭主要从事非农生产，包括外出务工（约占20%）、经营农家乐、经营避暑民宿、参与旅游接待等，如图3.15所示。因此，盘活闲置农房，发展民宿、农家乐等是潜在的农户家庭增收途径。

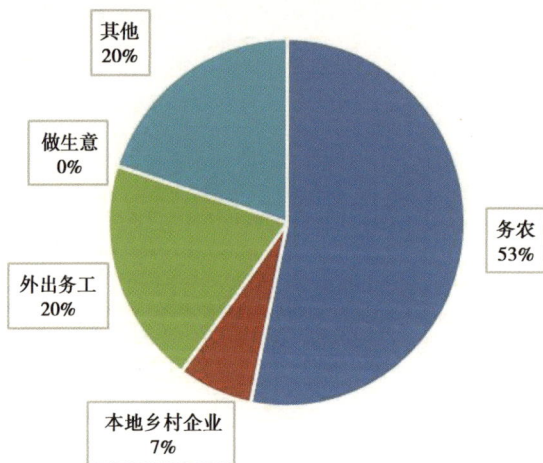

图3.15 样本家庭收入来源图

二、盘活利用意愿

当前重庆市对于闲置农房的处置方式主要有三种：一是复垦，二是经营性盘活利用，三是保留。其中，复垦是目前闲置农房比较普遍的处置方式，将闲置农房复垦，不仅农民有收益、农村建设用地有空间，而且有利于村容村貌和美丽乡村建设。其次是保留，由村集体或者乡镇政府按照增减挂钩或地票的标准将闲置农房收回村集体并做保留处置，但在实际操作中，这种方式有一定难度，主要是村集体的经济实力有限，若没有其他投资主体介入，村集体收储会比较困难。

调查显示,70%以上的农户愿意将闲置农房盘活利用,仅有5%的农户愿意复垦,其他的农户主要是因为缺资金、缺经验、缺技能、位置偏远等制约了盘活利用的意愿,如图3.16所示。总体来说,农户对盘活利用其闲置农房的认可度较高,意愿较强。

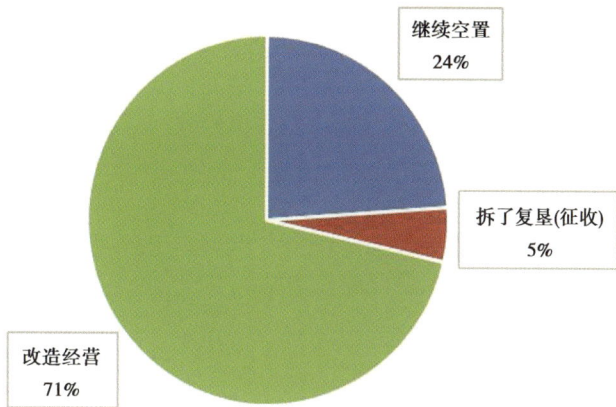

图 3.16　农户对闲置农房的处置方式意愿图

三、盘活利用模式

(一)盘活利用方式

在盘活利用方式上,50%左右的农户倾向于自主开发经营,36%的农户愿意租赁给他人来经营,14%的农户愿意与他人合作经营,如图3.17所示。

相比于其他方式,政府部门更倾向于鼓励农户采用入股联营的方式来盘活利用闲置农房,如由村集体成立农民合作社(或者引进公司),农户自愿入社,参与经营并分红。入股联营的方式较农户自主开发的经营实力和运营能力以及市场竞争力更强,而且农户收益可以随着经营业绩的上升而不断增加,同时还可以通过参与经营获得相应的报酬。

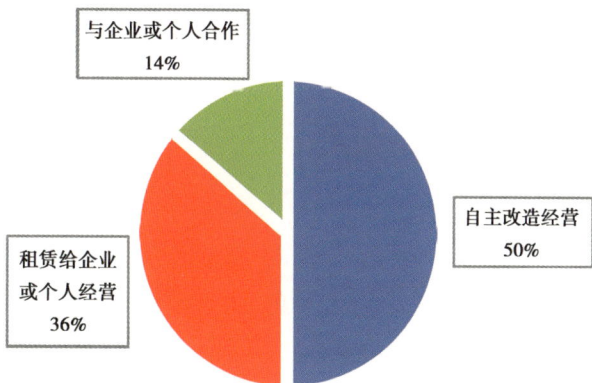

图 3.17　农户愿意盘活利用的方式图

(二)盘活利用形式

由于农户对闲置农房盘活利用的认知度以及形式了解不多,加之受资金、技能等制约,45%的农户选择以农家乐的形式盘活闲置农房,36%的农户选择发展民宿,而对康养等其他新兴盘活利用形式基本没有涉足,如图3.18所示。因此,可能导致闲置农房盘活利用出现业态单一、同质化、品质不高、附加值低、产业链不长等现象。

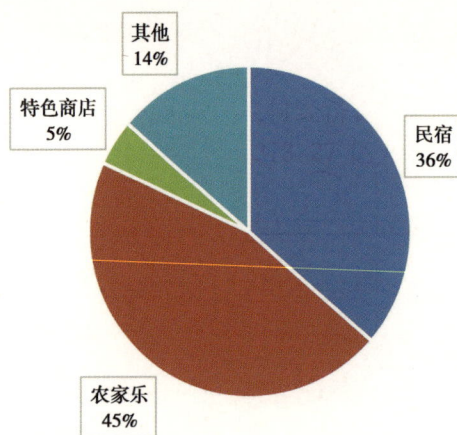

图 3.18　农户愿意盘活利用的形式图

第四章 重庆市闲置农房盘活利用现状及问题剖析

近年来,重庆市在推动农村"三变"改革实践中认识到,盘活农村闲置宅基地和农房,既可以通过宅基地复垦的方式,从复垦形成的指标中获取市场化交易效益,也可以通过引入社会资本,让农民以地入股、以房联营,帮助农民拓宽路子,增加收入。在具体的实践过程中,后者更为全面、有效和可持续。

第一节 闲置农房的利用途径

一、地票置换

目前,重庆市闲置农房盘活利用主要采用地票交易模式。所谓地票,是指土地权利人自愿将其建设用地按规定复垦为合格的耕地等农用地后,减少建设用地形成的在重庆农村土地交易所交易的建设用地指标。地票的运行程序主要包括四大环节:复垦、验收、交易和使用地票。在农村土地交易所交易成功后就实现了建设用地的城乡置换。地票交易流程如图4.1所示。

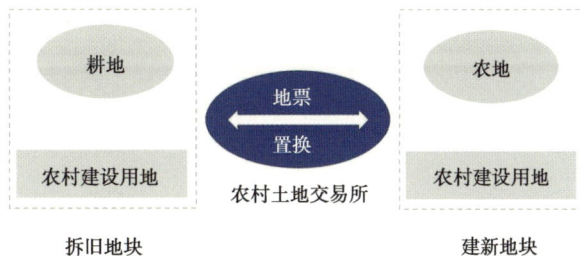

图4.1 地票交易流程图

重庆市2018年公告地票面积3.35万亩(一亩≈666.67平方米),地票成交面积4.06万亩(含2017年公告未成交的0.78万亩),成交金额75.2亿元,成交均价18.6万元/亩。地票累计成交面积28.23万亩,金额550.11亿元。重庆市历年地票成交变化情况如图4.2所示。

对闲置农房进行复垦主要是因为农户有收益、农村建设用地有空间,并且有利于村容村貌及美丽乡村建设。一般进行复垦的农房多无经营性盘活利用价值,如区位条件较差、闲置时间长、破损较严重等。如重庆市渝东北、渝东南片区,由于受地形限制,闲置农房多在中高山区域分散分布,所以该区域的闲置农房多通过高山生态扶贫搬迁等方式进行复垦。

图 4.2　重庆市历年地票成交变化情况图

二、盘活利用

2016 年重庆市政府发布《重庆市人民政府办公厅转发市农委等部门关于用好农业农村发展用地政策促进农民增收的指导意见（试行）的通知》（渝府办发〔2016〕211号）、《重庆市人民政府办公厅关于加快乡村旅游发展的意见》（渝府办发〔2016〕127号）等文件，支持和鼓励闲置集体建设用地与房屋盘活利用，并提出了具体的支持措施。目前，重庆市闲置农房主要通过农户自主、村集体主导、社会资本主导、多主体合作等方式，以农家乐、民宿等为主要形式进行盘活利用，如表 4.1 所示。

表 4.1　重庆市部分闲置农房盘活利用项目表

项目名称	区　县	利用方式	利用形式
大巴山森林人家	城口县	农户自主盘活利用	农家乐
平溪村农家乐	城口县	村集体主导盘活利用（农民合作社＋农户）	农家乐
归原小镇	武隆区	社会资本主导盘活利用（征收再利用）	民宿、工作室、茶室等
天坑寨子	武隆区		民宿、商业
卡麂坪	奉节县		民宿、餐饮、茶室
巴渝民宿	城口县、巫溪县、酉阳县、彭水县	多主体合作盘活利用（企业＋村集体＋农户）	民宿
全家院子	石柱县		民宿

目前，已经盘活利用的闲置农房主要集中在景区周边或旅游资源较为丰富，以及交通干道沿线等具有区位优势的区域，如武隆仙女山景区、城口亢谷景区等。同时，闲置农房自身可利用价值较高，且相对较为集中，房屋质量较好，并且一般多为整栋闲置。在利用方式上主要由企业或农民合作社进行整体盘活利用。

三、修缮保留

对于文化底蕴深厚、文物保护价值较高,但市场条件尚不成熟的区域内的闲置农房,政府及相关部门通过启动传统村落保护的方式,对闲置农房采取修缮保留予以保护性利用。如城口县东安镇兴田村保留一部分闲置农房,申请住房和城乡建设部传统村落品牌。

部分闲置农房周边资源相对较好,且相对集聚,但由于受到交通等制约,目前经营性盘活的难度较大。今后随着区位条件的改善,可逐步提升闲置农房的盘活利用价值。重庆市渝东北、渝东南部分区域存在此种情况,特别是随着渝东北高铁、高速等开通运营,一部分之前保留的闲置农房得以盘活利用,如石柱县中益乡。

第二节 重庆市闲置农房盘活利用模式

一、农户自主盘活利用模式

(一)内涵

农户自主盘活利用是指具备一定经营理念或经济实力的农户,将自有的闲置农房改造成具有一定接待能力的休闲度假场所。这是目前重庆市闲置农房盘活利用最普遍的一种模式,主要以发展农家乐和民宿为主。截至 2017 年年底,重庆市拥有星级农家乐 1 734 家,其中五星级 22 家,四星级 55 家,三星级 962 家,二星级 528 家,一星级 167 家。未评定星级的普通农家乐大量分布在各地。重庆市城口县大巴山森林人家即为以农户为主体盘活利用项目。

(二)特点

一是以农户为主体自主盘活利用,政府逐步予以规范并给予政策支持;二是农户自主盘活利用方式具有产权明晰、法律问题少、投入较低、价格低廉、消费面广等优势;三是这种模式主要适用于农房分布较为分散的区域,重庆市渝东北和渝东南片区山多,农房分布较为分散,而且集中在中高山区域,适合农户根据市场需求自主盘活利用;四是组织形式以农户自营为主,开发成本较低,以农家乐为主,但品质相对较低。

(三)问题

一是农户受资金、经营理念等限制,导致盘活利用品质相对较低,配套设施不够完善,以中低端消费为主,如大巴山森林人家每晚的住宿价格在 100 元以内;产品在形式、内容等方面比较单一,同质化严重,乡村性及民俗文化相关内容融入较少,相关产业融合度较低。二是农户间因招揽客源而进行无序竞争,不利于闲置农房盘活利用的可持续性。三是营销手段落后,主要依靠"回头客"、口碑相传等方式,"互联网+"等宣传手段运用得不够充分。四是风险抵御能力差。五是服务水准参差不齐,服务管控不易。

(四)典型案例——城口县大巴山森林人家

1.项目概况

城口县位于重庆市东北部,地处渝、川、陕交界处,距离重庆主城车程 5 小时,距离重庆万州区 4.5 小时,距离四川万源市 2 小时。近年来,城口县依托大巴山区自然生态禀赋,突出"森林"和"人家"特质,把乡村旅游作为扶贫产业来抓,着力打造大巴山森林人家这一乡村旅游民宿品牌,推进农、商、旅深度融合,促进乡村脱贫。大巴山森林人家是城口县闲置农房盘活利用的典型代表,目前已发展 1 500 多家,如图 4.3、图 4.4 所示。

图 4.3　城口县大巴山森林人家(一)

图 4.4　城口县大巴山森林人家(二)

2. 主要做法

一是政府主导编制新建房屋设计图纸和旧房改造导则,以规范农户新建或改造房屋行为,确保建设质量和风貌达到乡村旅游发展要求;二是政府制订了大巴山森林人家软硬件配置标准,开展大巴山森林人家星级评定工作,指导农户农房建设或改造,确保农户分散建设或改造的大巴山森林人家能够满足旅游接待的基本要求;三是政府鉴于农户大多较贫困、资金实力较弱等客观实际,给予相关政策支持,鼓励农户对闲置农房进行自主盘活利用。

3. 资金来源

大巴山森林人家以同时接待 20 人就餐、10 人住宿为起步规模,投入 5 万 ~ 50 万元即可营业(其中,改造既有农房需筹集资金 5 万 ~ 20 万元,新建房屋需筹集资金 30万 ~ 50 万元)。

农户盘活利用闲置农房发展"大巴山森林人家"主要从两个方面解决资金:一是农户自筹,包括储蓄、借款、贷款等多种渠道。具体来看,农户储蓄资金 0.5 万 ~ 1 万元;政府设立大巴山森林人家创业基金,提供一年期借款 1 万 ~ 3 万元;商业银行提供贷款3 万 ~ 10 万元。二是奖补资金,政府一次性奖补资金 0.3 万 ~ 2 万元(包括扶贫、旅游、农业等政策性资金整合);同时,微企业资金补助约 2 万元,星级大巴山森林人家(三星级以上)给予一次性奖补资金 5 万 ~ 10 万元。

表 4.2　城口县大巴山森林人家建设资金来源表　　　单位:万元/户

农户自筹			奖补资金		
自筹	创业基金借款	商业银行贷款	政策性资金整合	微企业补助	三星级以上大巴山森林人家奖补
0.5 ~ 1	1 ~ 3	3 ~ 10	0.3 ~ 2	2	5 ~ 10

4. 取得成效

从 2011 年开始,城口县及乡镇两级政府借助旅游扶贫平台,整合多方资源,不断加大对区域房屋、环境、供水、通信等基础设施建设,提升了区域旅游接待和发展能力。大巴山森林人家年收入高的家庭可以达到 30 万 ~ 50 万元,一般的家庭维持在几万元到十几万元不等。同时,大巴山森林人家和周边贫困户建立了紧密的种养销利益联结机制,一户森林人家可以带动 8 ~ 10 户,甚至更多贫困户参与乡村旅游,获取收益。

二、村集体主导盘活利用模式

(一)内涵

村集体主导盘活利用是指农村集体经济组织(或成立农民合作社)对闲置农房进行集中盘活利用和统一管理,农户自愿入股,以期实现"资源变资产、资金变股金、农民变股东"的闲置农房盘活利用模式。如重庆市城口县平溪村以村集体为主导的盘活利用项目。

（二）特点

一是以农村集体经济组织为主体盘活利用，农户入股联营，政府予以政策和资金方面的支持；二是多以村为单位进行盘活利用与经营；三是具有管理模式清晰、利益分配相对公平、农户参与积极性较高、降低农户开发的盲目性等优势。

（三）问题

一是农村集体经济组织主导盘活闲置农房，通过成立合作社或农户入股的方式经营，参与者主要为农户，开发成本较低，以农家乐为主，存在产品品质相对较低的问题；二是规模小，与社会资本主导或多主体合作盘活方式相比，竞争力较弱；三是管理层缺乏专业管理水平和能力，适应市场的意识有待提高。

（四）典型案例——城口县河鱼乡核桃坝生态移民新村

1. 项目概况

河鱼乡位于城口县东部，大巴山脉南麓，距离县城38千米。2009年河鱼乡按照城口县"人口下山、产业上山、产品出山、旅游进山"的发展战略，深入推进高山生态移民工程，动工修建核桃坝生态移民新村，规划住户106户，500余人，2011年投入使用，河鱼乡核桃坝生态移民新村区位图如图4.5所示。核桃坝生态移民新村为发展乡村旅游，遵循统一规划、统一风貌、统一建设的"三统一"原则，规划农家乐80户（每户可接纳游客5～10人），通过招商引资星级农家乐1家（可接待游客100人以上），所建农房统一按照农家乐样式进行修建。

图4.5 河鱼乡核桃坝生态移民新村区位图

2. 主要做法

一是成立农民合作社,对农家乐进行统一运营。为发展乡村旅游,促进农户就业,鼓励农户将闲置农房改造成农家乐,并成立农民合作社,进行统一管理和对外营销,按照一定的比例分配收益。二是依托良好的生态资源,发展农家乐季节性长租。河鱼乡具备避暑休闲条件,结合市场需求,推出长期租赁产品,以满足城市居民的夏季避暑需求。三是注重农耕文化挖掘,提升吸引力。河鱼乡以农耕文化为特色,在核桃坝生态移民新村及周边区域积极打造滨河农耕文化长廊、大巴山农耕博物馆、平溪农耕体验园,并定期举办农耕文化节,丰富旅游产品,延长产业链,提升吸引力,如图4.6所示。

图4.6　河鱼乡核桃坝生态移民新村及农耕文化广场图

3. 资金来源

核桃坝生态移民新村农房属高山生态移民搬迁工程,房屋新建资金由政府投入。闲置农房盘活利用改造费用和资金来源与城口县大巴山森林人家基本相同。

4. 取得成效

经过几年的发展,河鱼乡旅游规模和产业链初步形成,核桃坝生态移民新村每年吸引大量的旅游者前来避暑休闲,形成了"住新村农家乐、吃河鱼山地鸡、体验农耕文化"的乡村旅游模式,闲置农房得到有效盘活利用,农家乐季节性长租平均每月有

1 500~1 800 元/间的收入,每户年综合收入为 3 万~5 万元。

三、社会资本主导盘活利用模式

(一)内涵

社会资本主导盘活利用是指具有一定乡村旅游特色的村镇,引进有经济实力和市场经营能力的公司或企业,通过租赁、合作、征收再利用等方式,对闲置农房进行统一规划、打造的闲置□□□□□□□□□□□□□□□□□□□□□□□□□□□□□式,主要采用征□□□□□□□□□□□□□□□□□□□□□□□□□□□□活利用,如武□□□□□□□□□□□□□□□□□□□□□□□□□□□□□

(二)特点

一是□□□□□□□□□□□□□□□□□□□□□□□□□□□□□□□□农房分布□□□□□□□□□□□□□□□□□□□□□□□□□□□□□□□□石柱县中益乡□□□□□□□□□□□□□□□□□□□□□□□□□□□□□企业主导进行民宿打造□□□□□□□□□□□□□□□□□□□□□□□□□开发成本和品质较高,产品多为□□□□□□□□□□□□□□□□□□□□□式清晰、配套设施完善、容易形成产业链和规模效应等优势。

(三)问题

一是闲置农房征收及公开处置标准确定缺乏依据。当前在征收过程中多简单地采用农村复垦标准补偿农户。二是盘活利用成本高。一方面征收资金压力较大,制约了盘活利用的积极性;另一方面企业一般选择整栋闲置的农房来盘活利用,并且对改造完成后产品的品质要求较高,因此增加了改造费用和建设成本。例如奉节县的卡麂坪项目,开发成本达到了 1 万元/平方米。三是征收利用前置条件较多,农房征收需要编制村规划,符合"两规",并且企业在对闲置农房进行盘活利用时多存在改扩建问题。四是产权纠纷较多,部分农户缺乏契约约束意识。如武隆归原小镇项目,随着项目的推进,部分农户不断提出新的补偿要求,影响了项目的推进进度。五是抵押融资办理困难。由于部分闲置农房产权不清晰,导致抵押融资办理困难。六是利益联结机制不完善,农户收益主要来源于农房租赁、餐饮及土特产品销售等,收益相对较少。六是乡村本土文化传承受到影响。由于当地居民是传统村落的灵魂,随着当地居民大量被迁出,乡村本土文化的传承在一定程度上受到影响,缺乏村落生活气息。

(四)典型案例

1.武隆归原小镇

(1)项目概况。

归原小镇位于重庆市武隆区仙女山镇荆竹村,距离武隆城区车程 40 分钟,距离仙女山国家森林公园约 50 分钟,如图 4.7 所示。归原小镇主要是通过征收农房的方式开发的集农业、乡邻、文创融合发展的乡村休闲项目,项目总占地面积 1 163 亩,实际建筑面积 6.2 万平方米,容积率 0.9,建筑密度 40%。项目主要包括 36 栋民宿建筑,其中 25 栋为新建民宿,11 栋由原闲置农房改造而成。目前已有山里工作室、接待中心、茶室、民宿、青年旅社、农事体验工作坊等投入运营。

图 4.7　武隆归原小镇项目区位图

（2）主要做法。

目前企业通过与村集体协商,对 11 栋闲置农房进行盘活利用。闲置农房农户均已迁出。闲置农房盘活利用主要用于山里工作室、接待中心、茶室、民宿、青年旅社、农事体验工作坊等,如图 4.8 至图 4.10 所示。闲置农房周边的耕地、林地等也租赁给企业,用于农事相关项目打造。

图 4.8　武隆归原小镇图

图4.9 武隆归原小镇山里工作室(左)、接待中心(右)图

图4.10 武隆归原小镇民宿现状图

（3）资金来源。

企业盘活利用闲置农房的成本主要包括：获取闲置农房费用、改造装修费用、基础设施和配套设施费用、农地租赁费用等。对于闲置农房征收补偿费用，主要是参照目前重庆市地票和增减挂钩的有关标准进行。改造成本大概为3000元/平方米。资金主要是由企业筹集。

（4）取得的成效。

一是提升了企业（社会资本）下乡投资的积极性。社会资本只有与农村沉睡资源深度融合，利用其优势，才能有效促进农村资源变资产、资金变股金、农民变股东。归原小镇项目将集体建设用地征收为国有后，确认给企业（社会资本）进行盘活利用，有效地解决了盘活利用过程中存在的农户毁约、抵押融资困难等问题，提升了社会资本进入农村盘活利用闲置资源的积极性，同时也为社会资本下乡投资提供了可靠保障。

二是促进了农民致富及产业融合发展。这种模式，农民的收益主要来自租金收益和产业融合发展收益两个方面：一方面农民将闲置农房周边的耕地、林地等租赁给企业，获取租金收益；另一方面通过以当地的老物种和作物为原料，衍生农副产品深加工业，引入农业休闲和文创体验等产业业态融合发展，为农户提供就业机会，促进农户增收。

三是改善了村容村貌。归原小镇项目利用当地材料，采用"一户一亩田"的设计理念,深入挖掘原乡文化,促进文化的活化。村落基础设施和生活设施,以及周边居民的农房风貌及生活环境等也得到了极大改善,项目实施过程中解决了沿途5个村社共计1500人的饮水问题。

2.奉节县卡麂坪项目

(1)项目概况。

卡麂坪位于重庆市奉节县兴隆镇六垭村,距离奉节县城区约80千米,车程约1小时50分钟,如图4.11所示。卡麂坪古村落旅游项目占地5 800平方米,总投资额约8 000万元,是一个集吃、住、游、购、娱于一体的旅游景区,15栋传统民居被改造成茶社、酒店、咖啡吧、民俗博物馆、会议中心,并修建观景台、农产品集市、蔬果采摘园、狩猎场、露营区等配套设施。

图4.11　奉节县卡麂坪项目区位图

(2)主要做法。

2010年,随着兴隆片区旅游环线公路贯通,奉节县政府将兴隆镇六垭村五社卡麂坪自然村落的高山生态扶贫搬迁工作与传统村落保护与发展工作结合起来,通过异地扶贫搬迁,村民们陆续住上新房,留下15栋闲置农房。2013年,企业通过征收再利用获得该15栋闲置农房的开发权,开始打造以土坯房为主体、以清凉"慢生活"为特色的避暑休闲地,如图4.12所示。

图 4.12　卡鹿坪农房改造图

（3）资金来源。

卡鹿坪古村落旅游项目建设过程中涉及村落基础设施建设、农房征收及改造、周边耕地租赁、环境打造等费用。奉节县政府与企业约定按照政府与企业 1∶3 的比例出资，截至 2017 年，企业已投资 3000 多万元用于农房征收及改造、耕地租赁等，政府已投资 1400 多万元用于村落基础设施建设。其中，农房征收按照宅基地复垦标准，即 12 万元/亩，耕地租赁按照 500 元/亩标准进行，整个项目农房征收和耕地租赁费用大概 500 多万元；改造装修费用较高，以一号楼为例，其改造和装修投资约 300 万元，每平方米约 1 万元，几乎是重建新房的 10 倍。经改造后，一号楼土坯房原本的土墙和木料没有一点变化，斑驳的墙体和老旧的木梁给人一种岁月的沧桑感。而进入房屋内部，原本的房梁依旧，只是用工型钢架进行了加固，以川东民宿的风格进行装修，随处可见的绑绳、木制墙饰等，给人以回归农耕生活的感受，如图 4.13 所示。

图 4.13　卡鹿坪闲置农房盘活利用现状图

（4）取得的成效。

项目从 2013 年开始,2017 年 7 月 11 日一期落成,正式对外营业。一期改造农房 5 栋,一号楼为咖啡屋＋书吧＋住宿,另外 4 栋楼,有两栋为住宿,共有客房 15 间,有一栋为餐厅,还有一栋是茶座,最多能同时接待 40 人住宿,餐厅可同时容纳 200～300 人就餐。

3. 武隆天坑寨子项目

（1）基本概况。

武隆天坑寨子项目位于武隆区仙女山镇明星村及白果村,面积 1.89 平方千米,距 5A 级景区天生三桥约 2.4 千米,是集文旅融合、生态观光、休闲度假等功能于一体的土家族民族特色旅游综合项目,如图 4.14 所示。武隆天坑寨子项目由喀斯特地貌天然退化型天坑中石院、下石院组成。其中,中石院已基本完成旅游配套设施建设项目,并于 2016 年 4 月底投入运营。

图 4.14　武隆天坑寨子项目区位图

（2）主要做法。

武隆天坑寨子项目由重庆市武隆区景乐旅游投资有限公司投资兴建,政府通过征收搬迁将中石院 19 栋、下石院 27 栋农房全部处置给该企业,由企业进行闲置农房盘活利用。项目总占地约 71.14 亩,新建南北游客服务区两座(建筑面积 1 685 平方米),改造闲置农房 19 322 平方米,改造进场公路 2 千米、景区步游道 2 千米,以及实施了水电配套和环境整治与绿化等附属工程。武隆天坑寨子图如图 4.15 所示。

图 4.15　武隆天坑寨子图

（3）资金来源。

项目总投资约 1.39 亿元。其中,中石院景区投资约 6 900 万元,包括新建旅游接待管理用房 870 平方米,改造传统民居房 6 000 平方米,新建集散场地 4 000 平方米、游道 2 000 米,整治观光车道路 1 200 米。

（4）取得成效。

天坑寨子中石院景区于 2016 年 4 月底投入运营,被重庆市文化委员会(现重庆市文化和旅游发展委员会)授予"重庆文化消费企业联盟成员单位"。公司配备了员工 130 人(其中管理人员 90 人、文化展演人员 40 人),解决当地外遣农耕人员 25 人;2016 年度运营期间传统文化展演 3 场/天,累计达 550 场次,年度接待游客 6.5 万人,经营收入达 580 万元。

四、多主体合作盘活利用模式

（一）内涵

多主体合作盘活利用是指盘活利用主体,包括企业、村集体、农户等,在政府的指导、帮助下,成立新公司,以入股、联营的方式对闲置农房进行统一打造和运营。这种模式是当前国家大力支持的闲置农房盘活利用模式。在中共中央、国务院 2017 年 1 号文件以及国务院发布的《全国国土规划纲要(2016—2030 年)》(国发〔2017〕3 号)中明确提出"探索农村集体组织以出租、合作等方式盘活利用闲置农房及宅基地,增加农民财产性收入"。重庆市巴渝民宿集团主导的盘活利用闲置农房开发的巴渝民宿就属于此类情况。多主体合作盘活利用闲置农房对于促进乡村振兴、壮大集体经济组织、增加农户收益等成效明显。政府、企业、集体、农户等各方均获得了良好的社会和经济效益。

（二）特点

一是盘活利用以政府、企业、村集体、农户等主体通过合作等方式共同开展，政府提供政策和资金支持，并配套建设基础设施等；二是适用于农房闲置规模较大的区域；三是组织形式可以为"合作社 + 企业""企业 + 村集体 + 农户"等，开发成本和品质较高，产品多为民宿、田园综合体等类型。

（三）问题

一是开发成本较高。例如，石柱县中益乡全家院子项目所有民宿是在原址上新建，改造成本为 0.8 万 ~ 0.9 万元/平方米。二是均衡各方利益存在一定难度。多主体合作盘活模式涉及农户、村集体、企业等多个主体，在利益分配过程中可能存在难以公平兼顾各方利益的问题。

（四）典型案例

1. 重庆巴渝民宿

（1）项目概况。

巴渝民宿公司以扶贫民宿为切入点，在城口、巫溪、西阳、彭水 4 个国家级贫困县选定了 5 个扶贫类项目作为首批开工建设的巴渝民宿示范点（图 4.16），建筑总面积为 27 238 平方米，平均容积率为 0.5 左右，平均建筑密度控制在 30% 以内，共 70 栋房屋，其中以房联营 58 栋，以地入股 12 栋。惠及贫困户 75 户，其中建卡贫困户 48 户。以房联营的宅基地面积按 30 平方米/人进行控制，单栋房屋建筑面积在 300 ~ 500 平方米，房型分为三人户、四人户、五人户 3 种。客房配置以单人间、标准间为主，辅以少量三人间及榻榻米间，总接待房间 570 余间，每日最大接待人数 1 100 余人。截至 2018 年年底，城口龙洞湾、巫溪长红村、彭水丹阳寨、西阳楠木湾和彭水黄帝峡均已投入使用，具体如表 4.3 所示。

表 4.3　巴渝民宿项目进展情况表

项目名称	地　址	开工时间	建筑面积/平方米	规　模	房　型	接待量	贫困户数	建成时间
城口龙洞湾巴渝民宿	重庆市城口县东安镇兴田村	2016 年 5 月 10 日	2 259	以房联营 4 栋，以地入股 1 栋	标间、三人间、大床房	客房约 50 间，最大接待人数 100 人左右	4	2016 年 11 月
巫溪长红村巴渝民宿	重庆市巫溪县通城镇长红村	2016 年 5 月 26 日	6 353	以房联营 17 栋，以地入股 1 栋	阁楼房、标间、大床房	客房约 120 间，最大接待人数 240 人左右	17	2017 年 5 月

续表

项目名	地 址	开工时间	建筑面积/平方米	规 模	房 型	接待量	贫困户数	建成时间
彭水丹阳寨巴渝民宿	重庆市彭水县万足镇廖家村	2016年6月20日	3 709	以房联营8栋,以地入股2栋	标间、大床房	客房约70间,最大接待人数140人左右	8	2017年5月
酉阳楠木湾巴渝民宿	重庆市酉阳县两罾乡楠木湾	2016年5月20日	6 536	以房联营15栋,以地入股3栋	标间、大床房	客房约130间,最大接待人数260人左右	15	2017年11月
彭水黄帝峡巴渝民宿	重庆市彭水县润溪乡樱桃村	2016年9月20日	8 381	以房联营14栋,以地入股5栋	套房、标间、三人间、大床房	客房200余间,最大接待人数360人左右	4	2017年年底

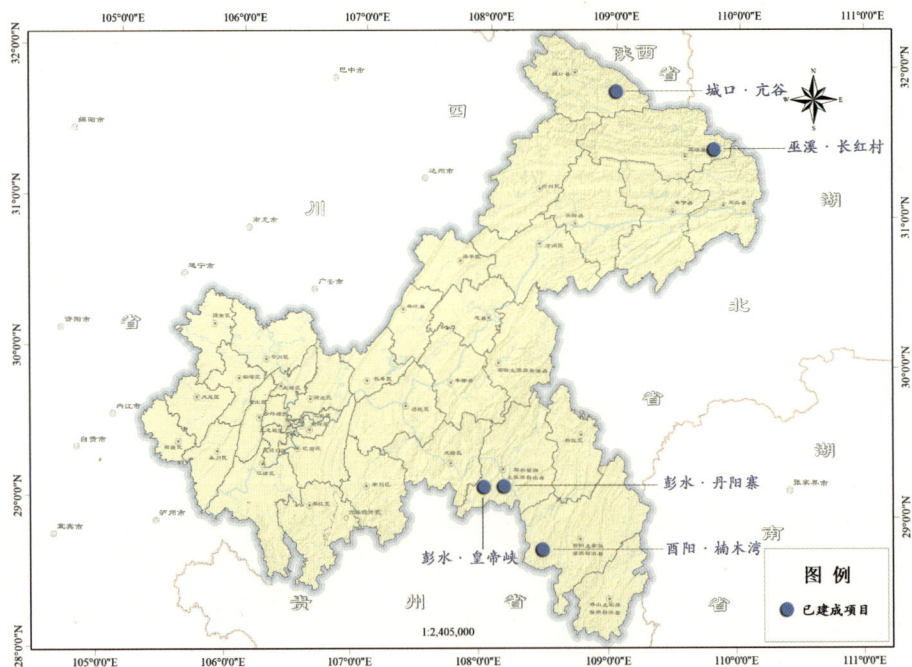

图4.16 巴渝民宿项目分布图

(2)主要做法。

在现行法律政策框架下,巴渝民宿公司与集体经济组织、贫困户通过"共建共享、以房联营、以地入股、文旅融合、网络营销"的方式盘活利用闲置农房,实现利益联结。既显化了集体经济组织的土地价值,壮大了集体经济组织实力,又保障了国有资产保值增值,贫困户实现了增收脱贫。

共建共享,即示范项目农房改造建设费用由巴渝民宿公司和贫困户共同承担,其中贫困户以扶贫搬迁、农房整宗地收储等财政性补助款和自筹资金量化投入,收益分配向贫困户倾斜。

以房联营,即在保障农户自住和尊重农户意愿的前提下,巴渝民宿公司、农户将原址改造多出的住房用于民宿,按照统一标准、规范共同经营、管理和维护,房费收入分配联营农户占80%。

以地入股,即示范点村集体经济组织出地,巴渝民宿公司出资,共同组建项目公司,通过就业带动、保底分红、股份合作等多种形式,促进资源变资产、资金变股金、农民变股东,保障贫困户更多地分享民宿增值收益。

文旅融合,巴渝民宿建设营销中,充分挖掘渝东北山水峡谷景观资源和渝东南民俗文化资源,严守耕地和生态保护红线,保持当地自身特色和历史建筑风貌,设置火塘、读书室、走马转角楼等极富地域文化特征的元素,打造看得见山、望得见水、记得住乡愁的巴渝特色民宿村落,实现"文化＋旅游"深度融合发展。

网络营销,实施线上、线下全渠道营销推广,线下加强与旅行社、经纪人合作,线上借助巴渝民宿官方网站(图4.17)、微信公众号、小程序等自有平台和今日头条、抖音、美拍等社交媒体平台,多维度构筑"互联网＋民宿"推广体系。

重庆巴渝民宿现状图如图4.18所示。

图4.17　巴渝民宿官方网站

图 4.18　重庆巴渝民宿现状图

（3）资金来源。

开发成本以农户自筹为主，政策奖补为辅。在开发成本方面，现有巴渝民宿属于在闲置农房宅基地上或以宅基地置换方式新建，以已建成投入运营的城口县龙洞湾巴渝民宿为例，民宿开发建设总成本为50万～110万元，其中农户自筹为35万～80万元，包括农户向巴渝民宿公司借款和农户向其他机构借款等渠道筹集；政策性奖补包括农户宅基地复垦补偿款和政策性补助两部分，其中农户宅基地复垦补助金额为1万～10万元，政策性补助金额为8万～11万元，如表4.4所示。

表4.4　城口县龙洞湾巴渝民宿建造成本及资金来源汇总表　　单位：万元

民宿编号		1	2	3	4	5
建筑总造价		53.92	106.37	53.92	77.06	85.27
农户宅基地复垦补偿		9.60	0.00	8.13	2.07	1.01
政策性补助		8.40	0.00	8.40	10.40	8.70
农户需自筹资金	合计	35.92	0.00	37.40	64.58	75.57
	巴渝民宿公司建设资金借款	20.00	0.00	20.00	20.00	20.00
	巴渝民宿公司软装资金借款	5.00	0.00	5.00	5.00	5.00
	农户自筹建设资金	10.92	0.00	12.40	39.58	50.57

（4）取得的成效。

根据巴渝民宿网络平台月报统计,截至 2018 年,城口龙洞湾、巫溪长红村、彭水丹阳寨、酉阳楠木湾、彭水黄帝峡 5 个已建成投运的巴渝民宿项目,已累计接待游客 4.6 万余人次,客房收入约为 187 万元,餐饮及农特产品销售收入约为 190 万元;城口龙洞湾、巫溪长红村、酉阳楠木湾、彭水丹阳寨和彭水黄帝峡巴渝民宿累计销售额(客房收入和餐饮及土特产收入)分别为 164.61 万元、115.37 万元、31.21 万元、16.26 万元、49.16 万元,如图 4.19 所示。图 4.20 所示为城口龙洞湾巴渝民宿特产。

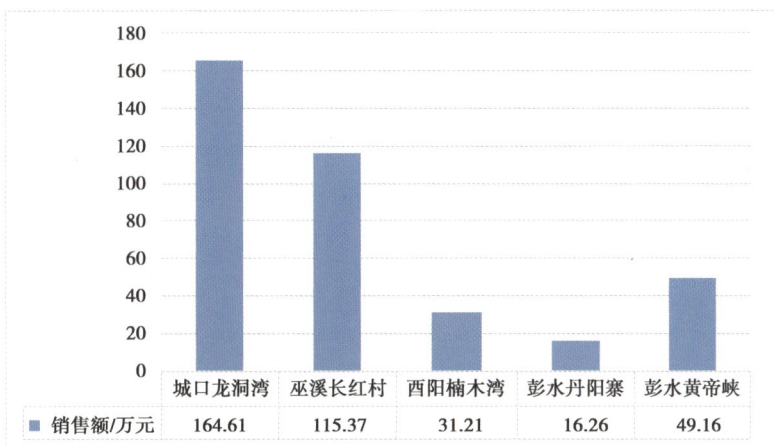

	城口龙洞湾	巫溪长红村	酉阳楠木湾	彭水丹阳寨	彭水黄帝峡
销售额/万元	164.61	115.37	31.21	16.26	49.16

图 4.19　巴渝民宿项目运营以来累计销售额情况图(截至 2018 年)

图 4.20　城口龙洞湾巴渝民宿特产图

2. 巴渝民宿之石柱县中益乡全家院子

（1）基本情况。

项目位于石柱县中益乡建峰村,距石柱县城车程 1 小时,距黄水镇车程 0.5 小时,如图 4.21 所示。该项目于 2018 年启动，涉及农户 18 户、70 人。图 4.22 所示为中益乡全家院子项目图。

图 4.21　石柱县中益乡全家院子项目区位图

图 4.22　中益乡全家院子项目图

（2）主要做法。

项目采用"共享产权、以地入股、以房联营、'互联网＋营销'"基本操作模式,由恒大地产集团重庆有限公司(恒大重庆公司)、村集体经济组织、石柱农旅融合发展集团有限公司(石柱农旅集团)、重庆市巴渝民宿集团有限公司(巴渝民宿公司)共同出资盘活利用闲置农房,村集体"以地入股",即原有农户全部迁入居民点,10栋闲置农房改造而成的巴渝民宿由巴渝民宿公司统一经营管理,村集体按股份分享民宿经营收入。

（3）资金来源。

全家院子项目所有民宿是在原址上新建,改造成本为0.8万～0.9万元/平方米。农房改造费用由恒大重庆公司、巴渝民宿公司、石柱农旅集团等共同出资,村集体"以地入股",同时扶贫专项资金转化为村集体经济组织及村民的量化股权投入,实现"资源变资产、资金变股金、农民变股东"。其中,恒大重庆公司占股51%,村集体经济组织占股20%,石柱农旅集团占股15%,巴渝民宿公司占股14%。

（4）取得的成效。

全家院子项目的预期效益包括村集体收入增加、农户参与改造与经营获取工资收入,同时周边农户居住环境及基础配套设施将得到有效改善(图4.23)。

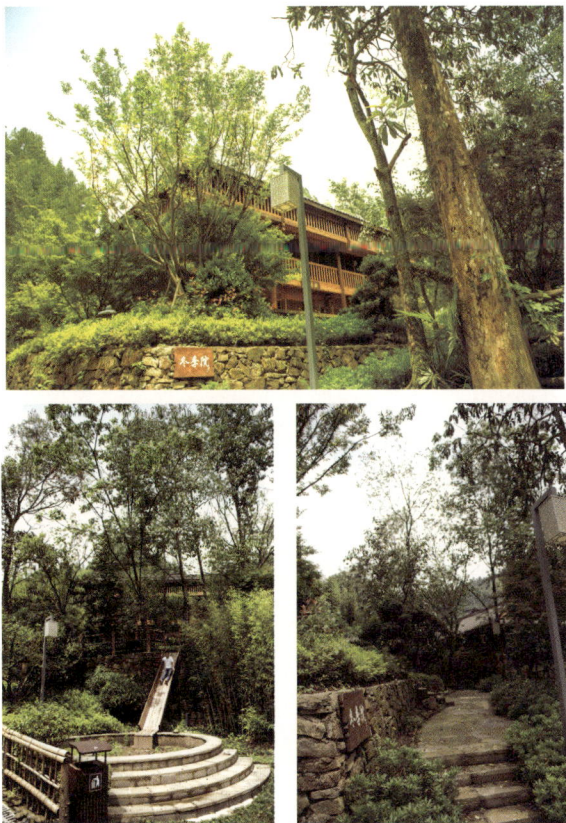

图4.23　中益乡全家院子项目环境景观图

闲置农房盘活利用四种模式的对比如表 4.5 所示。

表 4.5　闲置农房盘活利用四种模式对比表

指　标	农户自主	村集体主导	社会资本主导	多主体合作
主体	农户	村集体	企业等	农户、村集体、企业
政府功能	相关规范、支持政策、鼓励资金	相关规范、支持政策、鼓励资金	政策集成、资金支持、基础设施建设	政策集成、资金支持、基础设施建设
农房分布状况	较分散	较分散	农房较集中且整栋闲置量大	闲置规模较大且以部分房屋闲置为主
优势资源	旅游资源、村庄文化、农业产业			
空间指引	城市依托型、景区依托型、产业依托型			
依托产业	旅游服务业、农产品加工业、养老服务、商务办公			
组织形式	农户自营	村集体经济组织	自营企业,企业+农民合作社	农民合作社+企业,企业+村集体+农户等
成本	低	低	高	较高
产品类型	农家乐为主		民宿、田园综合体等	
产品品质	低	较低	高	较高

第三节　盘活利用收益成本测算——以巴渝民宿为例

重庆市闲置农房盘活利用项目"巴渝民宿"属于典型的多元合作盘活利用模式,涉及主体及建设改造环节较多,包括企业、村集体、农户等多个主体,以及建设、装修、经营等多个环节。我们以巴渝民宿为例,对闲置农房盘活利用的收益成本进行测算。

一、成本收益测算

(一)巴渝民宿成本构成

目前,单栋巴渝民宿约 350 平方米,建设前期需一次性投入建设及装修资金约 50 万元。根据现有相关补贴政策,每户贫困户修建民宿可获高山生态扶贫搬迁补贴、农村危房改造补贴、微型企业补贴等约 6 万元;巴渝民宿每年经营成本包括人工费、水电气及宽带费、管理费和税金,每年约需 7.4 万元(不含增值税),详见表 4.6。

表 4.6　民宿建设及运营费用明细表

费用名称	金　额	备　注
一、固定投入		
1. 前期一次性投入	50 万元	1.1 土地成本 + 1.2 建设成本
1.1 土地成本	0	民宿项目建设用地性质分为农民宅基地和村集体建设用地两类。前者属代农民修建房屋,后者属村委会以土地入股形式参与民宿建设,因此两种方式均不用承担土地费用
1.2 建设成本(含装修)	50 万元	每栋民宿约 350 平方米,每平方米建设成本 1 400 元/平方米
2. 每年经营成本	7.4 万元	2.1 人工费 + 2.2 水电气及宽带费 + 2.3 管理费
2.1 人工费	1.8 万元/(人·年)	以 3 个人工计算
2.2 水电气及宽带费	1 万元/年	每月水电气费约 600 元,宽带费 2800 元/年
2.3 管理费	1 万元/年	鉴于农户在民宿运营初期难以承担管理工作,建议民宿公司派专人指导运营,负责民宿日常经营管理、维护及营销推广,预计每栋民宿每年需管理费用 1 万元
3. 税金	税率 3%	计算公式:增值税 = 经营收入/(1 + 3%)×3%
二、抵减成本		
1. 补贴费用	6 万元	包括高山生态扶贫搬迁补贴、农村危房改造补贴、微型企业补贴等,合计约 6 万元
三、合计:固定投入 – 抵减成本		

(二)巴渝民宿经营收入

巴渝民宿运营初期,以住宿收入为主。考虑农户自用等情况,除去 3 ~ 5 间房屋,单栋民宿可剩余 10 间房屋用于住宿接待。考虑全年休息日 120 天(包括 52 个双休日、11 天法定节假日和 5 天公休假),在不同住宿单价和入住率下,单栋民宿住宿收入情况如表 4.7 所示。

由表 4.7 可知,单栋民宿经营,根据定价和入住率的不同,每年预期收入为 9 万 ~ 25 万元。

表 4.7　单栋民宿在不同房间定价和入住率情况下的年度预期收入测算　单位:万元

定价/[元·(间·天)⁻¹]	入住率				
	50%	60%	70%	80%	90%
150	9.1	10.9	12.7	14.5	16.3
180	10.9	13.1	15.3	17.4	19.6
200	12.1	14.5	16.9	19.4	21.8
230	13.9	16.7	19.5	22.3	25.1

(三)农民的预期收益测算

根据公式"利润 = 收入 – (运营费用 + 管理费用 + 税费)",可测算出在不同定价和入住率情况下,单栋民宿每年的经营利润;同时,在不考虑资金时间价值的情况下,根据公式"项目投资回收期 = (土地费用 + 建设费用)/年度利润",可测算收回成本的时间。民宿公司代农户修建民宿,农户参与自家民宿日常经营并获取经营利润,民宿公司获取运营管理费用(1 万元/年),则在不同的房屋定价和入住率情况下,农户的年度预期利润和投资回收期如表 4.8 所示。

表 4.8　农户年度预期利润和投资回收期测算

定价/[元·(间·天)⁻¹]	入住率									
	50%		60%		70%		80%		90%	
	年度利润/万元	投资回收期/年	年度利润/万元	投资回收期/年	年度利润/万元	投资回收期/年	年度利润/万元	投资回收期/年	年度利润/万元	投资回收期/年
150	6.6	6.7	8.4	5.3	10.1	4.3	11.9	3.7	13.7	3.2
180	8.4	5.3	10.5	4.2	12.6	3.5	14.7	3.0	16.8	2.6
200	9.5	4.6	11.9	3.7	14.2	3.1	16.6	2.7	18.9	2.3
230	11.3	3.9	14.0	3.1	16.7	2.6	19.4	2.3	22.1	2.0

由表 4.8 可知,根据不同房间定价和入住率测算,农户每年可获取 6.6 万 ~22.1 万元的收益(人均收入 2.2 万 ~7.4 万元),投资回收期为 2 ~6.7 年。若要求农户必须在 5 年内收回成本,则:①若房间定价为 150 元/(间·天),房屋入住率需达 70% 以上;②若房间定价为 180 元/(间·天),房屋入住率需达 60% 以上;③若房间定价等于或高于 200 元/(间·天),房屋入住率需达 50% 以上。

二、成本收益比较

通过项目成本收益分析,企业主导盘活利用的闲置农房项目的开发建设成本较高,一方面企业一般选择整栋闲置的农房来盘活利用,此类型闲置农房由于长时间无人看管,破损较严重,改造费用相对较高;另一方面企业对产品品质要求较高,在盘活利用过程中注重对文化的挖掘和呈现,以及改造工艺的考究,增加了建设成本,因此经营价格相对较高。相比而言,农户自主盘活利用闲置农房项目的开发建设成本普遍较低,一方面农户多利用家庭闲置的房间改造经营,农房本身质量较好,改造费用相对较低;另一方面由于缺乏指导,农户对改造产品的品质考量得较少,产品住宿价格也相对较低,如城口县大巴山森林人家,5万元即可完成一栋普通农房改造,住宿价格大概为80元/(间·天)。

表4.9　重庆市部分闲置农房盘活利用项目成本价格表

盘活利用方式	项目名称	改造成本	住宿价格 /[元·(间·天)$^{-1}$]	备　注
农户自主	城口大巴山森林人家	5万~20万元/栋	80	改造为农家乐
村集体主导	城口河鱼乡核桃坝生态移民新村农家乐	5万~20万元/栋	80	改造为农家乐
社会资本主导	武隆归原小镇	0.3万元/平方米	1 000	改造为餐厅、茶室、民宿
	奉节卡麂坪	1万元/平方米	428	改造为民宿
多主体合作盘活利用	巴渝民宿	50万~110万元/栋	168	改造为民宿

第五章 部分省市对闲置农房盘活利用的实践

闲置农房盘活利用作为乡村振兴和农民增收的重要抓手,各地纷纷启动闲置农房盘活利用工作,形成了大量可供借鉴的经验。我们在调研基础上,剖析了部分省市典型案例,结合重庆市的实际,梳理和总结了闲置农房盘活利用的做法和经验,以期对闲置农房的盘活利用起到一定的借鉴作用。

第一节 安徽省

一、背景

为贯彻落实《中共中央国务院关于深入推进农业供给侧结构性改革加快培育农业农村发展新动能的若干意见》(中发〔2017〕1号)、《中共安徽省委安徽省人民政府关于将旅游业培育成为重要支柱产业的意见》(皖发〔2017〕9号)精神,推进安徽省闲置农房盘活利用,促进乡村旅游发展,增加农民财产性收入,助力美丽乡村建设,2017年11月安徽省人民政府办公厅出台《安徽省人民政府办公厅关于支持利用空闲农房发展乡村旅游的意见》,鼓励多主体、分类盘活推进全省闲置农房,促进乡村旅游发展。图5.1所示为安徽省闲置农房云平台。

图 5.1　安徽省闲置农房云平台

二、盘活利用模式

(一)规范管理闲置农房盘活利用

安徽省从制订租赁合同范本、建立纠纷调处机制、严管农房改(扩)建行为等方面,对闲置农房的盘活利用进行规范管理。一是制订并推行闲置农房租赁合同示范文本,明确农房租赁用途、租赁期限、使用要求、维修责任以及返还、违约责任和争议解决办法等内容;二是建立纠纷调处机制,及时处理利用闲置农房发展乡村旅游的矛盾纠纷,充分保护所有者、经营者、游客的合法权益;三是严格管理闲置农房改(扩)建,严控乱拆乱建行为,确需整体规划改造的,应当符合规划、消防、环保和文物保护等行业管理要求,注重融入文化元素,保持乡风乡貌,保留乡情乡愁。

(二)分类推进闲置农房盘活利用

一是鼓励多主体盘活利用。鼓励农民自营、市民和大学生下乡租赁经营、社会资本与农村集体经济组织或者农户联合经营、国内外知名品牌管理公司连锁经营等。二是有序推进盘活利用。规范提升中国传统村落等闲置农房盘活利用质量,加快利用皖南国际文化旅游示范区、环巢湖国家旅游休闲区、大别山区和旅游扶贫重点村闲置农房,优先推进城市近郊、交通干线或风景道沿线村庄闲置农房盘活利用。

(三)强化领导闲置农房盘活利用

省促进旅游业改革发展领导小组统筹协调盘活利用闲置农房发展乡村旅游工作,各地、各有关部门建立健全分工负责、优势互补、统一协调的工作机制,并将利用闲置农房发展乡村旅游工作与推进脱贫攻坚工作等有机结合起来。

(四)政策助力闲置农房盘活利用

一是给予资金奖励。为村集体经济组织、农户、投资主体给予奖励。二是提供创业场所。对社会资本、高校盘活闲置农房提供低成本创业场所,按照实际孵化企业户数给予补贴。三是提供社会保障。对市民"下乡"租赁闲置农房经营乡村旅游的,经营者及其职工可在当地按规定参加社会保险,其子女可按规定在当地接受义务教育和学前教育。四是提供金融支持。鼓励金融机构为优良的创新创业主体提供授信服务,符合有关创新创业信贷政策的主体可按规定享受有关贴息、担保优惠政策。五是提供便利服务。重点做好返乡下乡人员开展闲置农房盘活利用的政策咨询工作,及时发布农民自愿出租的符合条件的农村闲置房源,为租赁闲置农房作为经营场所办理工商登记。

第二节　海南省

一、背景

2017 年 7 月,海南省人民政府发布《海南省人民政府关于以发展共享农庄为抓手建设美丽乡村的指导意见》(琼府〔2017〕65 号),大力推动发展"共享农庄",使农民转变成股民、农房转变成客房、农产品现货转变成期货、消费者转变成投资者,实现农民增收、农业增效、农村增美。"共享农庄"是指以农民合作社、农村集体经济组织等为主要载体,以各类资本组成的混合所有制企业为建设运营主体,以信息技术为支撑,以农业和民宿共享为主要特征,集循环农业、创意农业、农事体验、服务功能于一体的农业综合经营新业态。闲置农房盘活利用是共享农庄建设的重要内容之一,鼓励多主体参与闲置农房盘活利用。图5.2所示为海南省共享农庄实景图。

图5.2　海南省共享农庄实景图

二、盘活利用模式

(一)加强组织领导,明确责任分工

海南省各级政府成立了"共享农庄"推进领导小组,其中省级层面的推进领导小组主要负责统筹协调、督查督办。各市县政府成立领导小组,按照《海南省人民政府关于以发展共享农庄为抓手建设美丽乡村的指导意见》制定"共享农庄"扶持政策,编制"共享农庄"发展规划,指导共享农庄申报主体和设计单位编写策划方案和实施方案。省相关部门按照《海南省人民政府关于以发展共享农庄为抓手建设美丽乡村的指导意见》出台具体政策、措施。

此外,海南省注重"共享农庄"的行业自我管理和市场自律,专门组建"海南共享农庄联盟",指导和跟踪各市县发展"共享农庄"。同时,编制"共享农庄"年度发展报告及宣传推广黄页,塑造农庄文化,管理"共享农庄"品牌。

(二)制定管理办法,实行动态管理

海南省农业厅制定了《海南"共享农庄"评选认定管理办法》,明确"共享农庄"认定程序,建立评审、授牌、奖励和动态监管机制。对"共享农庄"实行"动态管理、定期监测、优进劣汰、能进能退"机制,每两年监测评价一次。对于违反国家法律法规、侵害消费者权益、危害农民利益、发生农产品质量安全事故的,及时取消"共享农庄"称号。

(三)试点先行,循序推进

按照"两年有起色、三年见成效、五年成体系"的总体部署,海南省"共享农庄"采用试点先行,循序渐进,当年创建,次年认定,分年度推进的工作机制。海南省"共享农

74

庄"试点认定程序如图5.3所示。

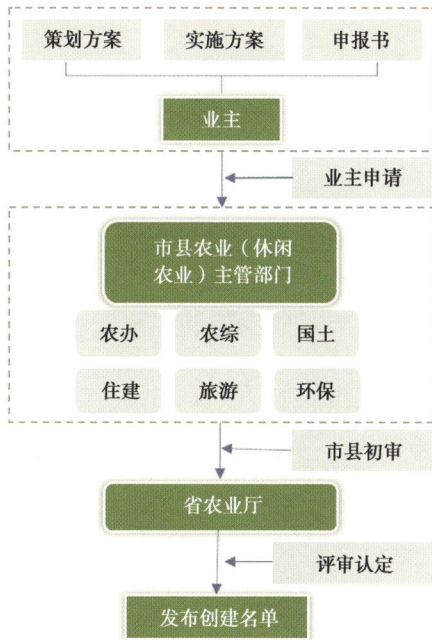

图5.3 海南省"共享农庄"试点认定程序

(四)搭建宣传平台,提升影响力

为提升"共享农庄"的影响力,海南省人民政府委托天涯社区搭建"共享农庄"网络营销、服务平台,如图5.4所示。该平台具有两个突出功能:一是政府对外发布"共享农庄"项目;二是经政府认证的海南"共享农庄",可参与平台组织的集中宣传营销活动,并在平台上发布产品,实现"海南农庄"品牌的公用。

图5.4 海南省"共享农庄"网络平台

第三节　浙江省绍兴市和丽水市云和县

一、绍兴市

（一）背景

绍兴市"闲置农房激活计划"于绍市委办发〔2018〕1号文提出，作为绍兴市委市政府2018年头号政府工程和区县政府年度目标考核重要内容，优先在绍兴市柯桥区、上虞区予以试点。上虞区地处杭州湾南翼，区位优势明显，距离杭州市区1小时车程；文化底蕴深厚，是虞舜故乡、英台故里；产业经济发达，2016年实现地区生产总值788亿元；条块特征明显，"北工、中城、南闲"发展格局基本形成。试点启动后，上虞区鼓励多种盘活利用模式，并通过服务架构、政策体系、交易鉴证、金融扶持、运营模式等探索创新，基本建立了"闲置农房激活计划"的"四梁八柱"。图5.5所示为绍兴市闲置农房改造现状图。

图5.5　浙江省绍兴市闲置农房改造现状图

（二）盘活利用模式

1.加强顶层设计，强化政策保障

上虞区基于绍兴市"闲置农房激活计划"指导意见，制定了上虞区闲置农房（宅基地）流转交易实施意见和激活工作三年行动计划，对流转交易范围及条件、交易程序及模式、激活目标及责任分工等进行了明确。相较于其他地区，上虞区制度顶层设计具有以下典型特征：

（1）闲置农房开发严守"红线"意识。流转对象必须在现有法律法规框架内进行，坚持"一户一宅"、宅基地集体所有，规划"非保留村"及不符合相关法律法规的违法建筑等不纳入此次激活计划范畴。

(2)拓展闲置农房流转交易范围。上虞区闲置农房流转交易范围不再局限于集体经济组织内部,可向全域居民放开,面向本集体经济组织外的其他农村、城镇和城市人口。其之所以能放开市场,主要是因为其流转的对象并非宅基地使用权,而是闲置农房租赁经营权。

(3)限定流转方式,放活开发模式。上虞区的闲置农房流转明确限定采取经营权租赁方式,其租赁期限不超过20年,出租闲置农房应无产权争议,流转交易后应有合法住所。在开发模式上,上虞区不予限制,鼓励以村户合作、村企联动、"产交公司＋农宅经营服务站＋农户"等多种模式合作开发,农民除租金收益外,还有收益分红。

(4)坚持规划先行,突出特色。闲置农房开发改造始终遵循"规划—设计—建设"规范,与村落布点规划、村庄建设规划、土地利用规划相匹配,始终遵守安全规定和环保要求,突出一村一品。同时,允许承租者在征得农房所有者书面同意和不突破原建筑四至、高度、层数等情形下,以农房所有者名义申请闲置农房重建、改建和局部移位,具体由所在乡镇(街道)审批。

2.完善组织体系,明确责任分工

试点启动后,上虞区成立了由区委区政府相关领导任组长的农村产权交易工作领导小组,注资3 000万元成立了区、镇、村三级产权交易服务体系,实行公益导向、实体化运营。在区级层面建立上虞区产权交易公司,在乡镇街道设立产权交易分中心,具体负责闲置农房流转信息发布、交易撮合、交易鉴证等;村级层面,由区供销总社(农合联)派驻专职人员,在行政村成立农宅经营服务站(既有中介功能,也有合作社功能)。具体组织架构及工作流程如图5.6所示。

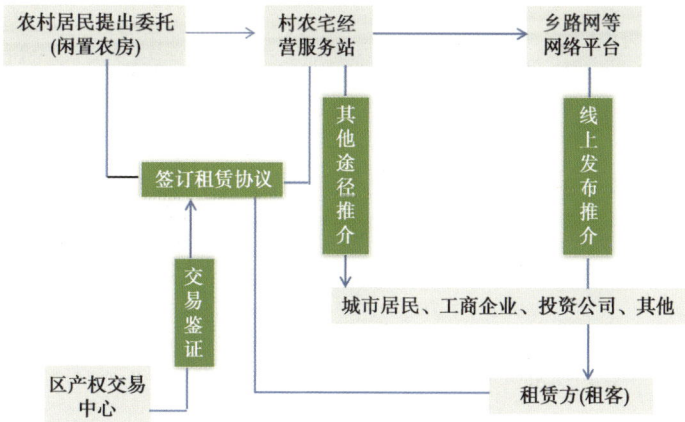

图5.6　上虞区农房激活组织流程图

3.强化确权赋权,做好清查摸底

上虞区按照"活权"必须"确权、赋权"总体思路,以"三改一拆"、农房登记和农村集体"三资"管理为抓手,积极加强确权赋权和闲置农房、闲置自留地、闲置厂房、闲置劳动力等农村资源清查摸底工作,并在村农宅经营服务站建立动态资源数据库,确保信息及时更新。在清查摸底时,上虞区并不纠结于"闲置农房"概念,而是采取调查认定方式确定闲置农房,即只要是农民认定为闲置且有意愿进行流转的,就可以纳入闲置农房数据库。此种认定方式,一方面保证了建库资源为有效闲置资源,另一方面又规避了闲置农房概念不清、政策不明朗所带来的系列问题。

4. 创立"乡路"网站,搭建交易云平台

上虞区在试点过程中,牢固树立"互联网+"思维,以"一站一端"建设为切入点,利用信息技术充分释放农村数字红利。"一站"即喊响"百万农宅任你挑"的"乡路"网站,是上虞区产权交易中心依托"阿里云"自主开发的闲置农房租赁平台,其突破了传统网站标的展现方式,创新性采用"产权淘宝"模式,实现了闲置农房标签化展示。网站经实名注册登录后,可实现自主信息发布和线上交易,并支持支付宝和微信支付方式,实现全流程网上操作。"一端"即"乡路 Country Road"移动客户端,其上线不足一月注册人数已达千余人,点击浏览量超 3 万次。"乡路 Country road"网站及其操作流程如图 5.7、图 5.8 所示。

图 5.7 上虞区"乡路 Country Road"网站

5. 实行交易鉴证,创新金融支持

为搭建闲置农房盘活利用资金"保障库",上虞区创新金融支持,由上虞区农商银行针对闲置农房盘活利用设计了"农宅贷""驿宿贷"等特色金融产品,市民在产权交易平台完成交易鉴证手续后,凭交易鉴证即可向上虞区农商银行申请抵押贷款。区别于其他地区做法的是:其抵押物并非宅基地使用权,而是农房租赁经营权。其贷款用途主要是支付租金、装修及购买大件物品等,其放贷额度一般控制在装修、购买大件物品购销合同金额的50%或租赁经营权在产权交易公司前三次成交均价的70%以内。此种金融支持方式在农房流转活跃区域较为适宜,金融机构既降低了放贷风险,规避了抵押物不好处置的问题,又极大地活跃了闲置农房开发市场,扩大了农村金融市场占有率。

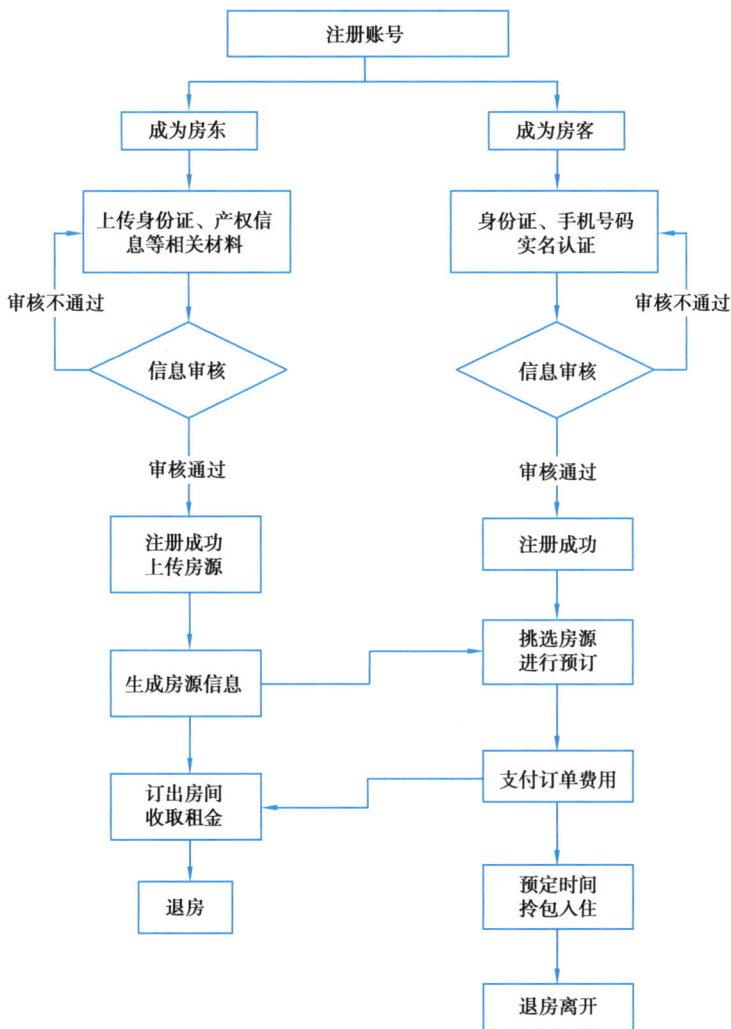

```
                        ┌──────────┐
                        │  注册账号  │
                        └──────────┘
              ┌──────────────┴──────────────┐
        ┌──────────┐                  ┌──────────┐
        │  成为房东  │                  │  成为房客  │
        └──────────┘                  └──────────┘
              │                              │
     ┌────────────────┐          ┌────────────────┐
     │ 上传身份证、产权信 │◄─┐      ┌─►│ 身份证、手机号码  │
     │ 息等相关材料      │  │      │  │ 实名认证        │
     └────────────────┘  │      │  └────────────────┘
      审核不通过           │      │       审核不通过
              │          │      │            │
          ╱────────╲      │      │        ╱────────╲
         ╱  信息审核  ╲─────┘      └───────╱  信息审核  ╲
         ╲          ╱              ╲          ╱
          ╲────────╱                ╲────────╱
       审核通过                     审核通过
              │                          │
     ┌────────────┐            ┌────────────┐
     │  注册成功    │            │  注册成功    │
     │  上传房源    │            └────────────┘
     └────────────┘                  │
              │              ┌────────────┐
     ┌────────────┐          │  挑选房源    │
     │ 生成房源信息  │─────────►│  进行预订    │
     └────────────┘          └────────────┘
              │                      │
     ┌────────────┐          ┌────────────┐
     │ 订出房间     │◄─────────│  支付订单费用  │
     │ 收取租金     │          └────────────┘
     └────────────┘                  │
              │              ┌────────────┐
     ┌────────────┐          │ 预定时间     │
     │  退房        │          │ 拎包入住     │
     └────────────┘          └────────────┘
                                     │
                             ┌────────────┐
                             │  退房离开    │
                             └────────────┘
```

图 5.8　上虞区"乡路 Country Road"网操作流程图

二、丽水市云和县

(一)背景

2001 年,丽水市云和县委、县政府针对县情实际,提出并实施"小县大城"发展战略,把县城作为县域增长极来建立和发展,加快推进新型城镇化进程。至 2013 年,通过"小县大城"战略,全县实现 35% 的农民下山转移,70% 的农村劳动力向二、三产业转移,74% 的人口集中在县城居住,95% 的企业集中在县城发展,城镇化率达 70%。大量农村居民进城务工留下了许多闲置农房(图 5.9)。基于此,云和县政府抓住浙江省扶贫试点县契机,从改革试验角度入手开始在全县范围内开展闲置农房盘活利用,先后出台了《云和县空闲农房二次创业改革试点实施方案》《云和县空闲农房征收再利用试点方案》等文件,并积极鼓励以企业为主导的闲置农房盘活利用模式。

图 5.9   浙江省丽水市云和县闲置农房现状图

(二)盘活利用模式

1.加强顶层设计,强化政策引领

云和县启动闲置农房盘活利用以来,通过出台相关政策明确盘活利用的方式、形式和奖补政策等。

(1)创新利用方式,征收国有再出让。

针对闲置农房盘活利用过程中存在的农户自主开发经营的档次较低,而租赁给社会资本开发经营的存在不能融资抵押和契约关系不稳定等问题,云和县政府探索采用"闲置农房征收再出让"的盘活利用模式,即在符合相关原则条件下,先由政府通过点状征收的方式将闲置农房统一征收为国有,然后再通过公开处置的方式,将闲置农房出让给社会主体。此模式的推行吸引了大量企业入驻云和发展农家乐,为全县民宿农家乐发展起到了示范作用,促进了全县民宿农家乐品质的提升。

(2)规范征收再利用程序。

制订了"确定实施主体、列入征收计划、落实报批征收、组织公开处置"等闲置农房盘活利用实施程序。即以乡镇(街道)为项目实施主体,申请闲置农房征收利用;征收办根据政府意见将项目涉及的闲置农房纳入年度征收计划;乡镇(街道)进行闲置农房征收,并将征收的闲置农房确权给所在乡镇(街道)新农村公司;新农村公司对闲置农房进行公开处置,乡镇(街道)对受让对象进行前置审查。

(3)限定盘活利用形式。

明确规定竞得人只能将竞得闲置农房用于民宿农家乐开发经营,不得改作其他用途,不得将整体项目的宅基地和闲置农房分割出售。同时,在不破坏村庄整体风貌、不影响结构安全、不改变闲置农房主体结构的前提下,经住建部门审核备案后,可对竞得闲置农房进行修缮,但不得超出闲置农房原有占地面积与高度,不得改变原屋顶形式(图 5.10)。

图 5.10　浙江省云和县云栖民宿内部图

（4）制定配套政策。

云和县从乡村环境整治、用地、基础设施配套三个方面制定了配套政策。乡村环境整治方面,云和县加强对乡村道路、电力、水利、燃气、通信以及周边环境的支持力度,改善乡村居住环境,"筑巢引凤",吸引资本下乡。用地方面,闲置农房相邻的建设用地,在符合土地利用总体规划和城乡规划的前提下,可一并纳入土地利用年度计划,办理土地征收和公开处置手续,进行集中开发,用于民宿农家乐发展所需的厨房、卫生间等临时配套设施建设,但是占地规模不得超过原闲置农房建筑占地面积的30%,限一层,层高不超过3米。基础设施配套方面,对于项目红线范围外的"五通一平"等主要利用村原有配套基础设施,并且整个项目实施免收基础设施配套费。

2.完善组织体系,明确责任分工

闲置农房盘活利用在县政府的主导下,由县农业局牵头,国土、旅游、工商等相关部门配合,社会主体广泛参与,形成了统一领导、齐抓共管、各司其职、合力推进的工作体制和机制。在实践中,云和县政府联合公安、消防、旅游、工商等多个部门,针对民宿、农家乐运营办证难等问题进行专题研究,制定了民宿管理制度,有效地解决了民宿(农家乐)特种行业许可证办理难的问题。

3.借助产权交易平台,发布农房交易信息

云和县积极搭建闲置农房交易平台,利用丽水市农村产权交易平台(图5.11)发布闲置农房交易信息,实现供需市场的有效对接。

图 5.11　丽水市农村产权交易平台

第四节　湖北省武汉市

一、背景

受农村人口市民化,农民外出务工经商,农村人口自然减少、管理不到位等因素影响,近年来武汉市农村出现的闲置农房越来越多,按照 2017 年中央一号文件有关要求,武汉市委市政府明确了城市资本下乡、村民进城,让农民的资产变成财产性收入的农村工作总基调,先后制定了《关于开展"市民下乡、村民进城"活动　加快我市新农村建设的支持措施(暂行)》《促进"市民下乡"与"脱贫攻坚"相结合　推进新农村建设的支持措施(暂行)》等政策文件,全面启动闲置农房盘活利用工作,鼓励多主体、分类盘活利用闲置农房。图 5.12 所示为武汉市闲置农房现状图。

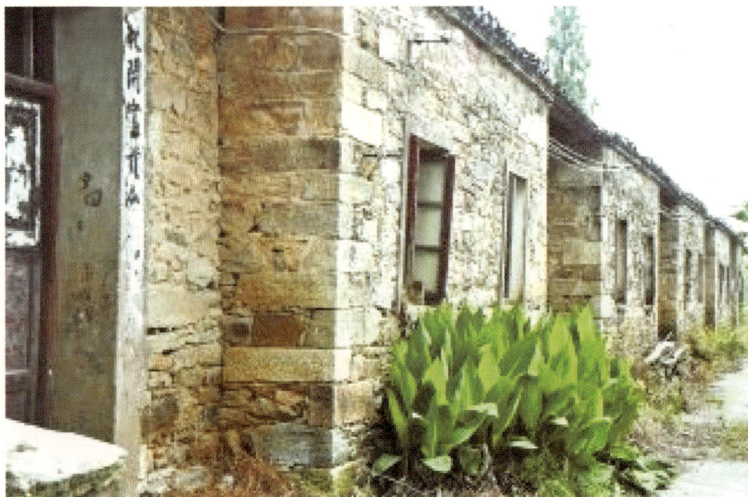

图 5.12　武汉市闲置农房现状图

二、盘活利用模式

(一)加强顶层设计,强化政策引领

武汉市自启动"市民下乡,村民进城"工作以来,出台了一系列闲置农房盘活利用政策,从程序、主体、方式、形式等方面进行了制度设计,形成了武汉市闲置农房盘活利用的"黄金20条"和"钻石10条"。

1.构建了"市+区"政策支持体系

政策奖补资金来源于农业、旅游、环卫、交通、科技等多个部门,奖补对象涵盖下乡的能人、企业家、知识分子、城镇居民等多个群体,奖补内容包括开发建设、人员培训、科技创新、水利交通和环卫设施、融资等多个方面。政策支持体系具有政策整合力度大、政策奖补对象广、政策奖补内容多等特点。表5.1为武汉市闲置农房盘活利用部分奖励标准。

表5.1 武汉市闲置农房盘活利用部分奖励标准表

利用形式	奖励对象	奖励标准
不限制	协议租赁5年以上,利用闲置农房户数占农户总户数30%以上,符合美丽乡村建设的	8万元/户
	租赁贫困村闲置农房,协议租赁10年以上,利用闲置农房占农户总户数30%以上,符合美丽乡村建设的	对基础设施和公共服务设施建设,市级10万元/户,区级10万元/户
农家乐	协议租赁3年以上,达到二星级以上标准的	二星级2万元/户、三星级3万元/户、四星级4万元/户、五星级5万元/户
	租赁贫困户闲置农房,协议期在5年以上,达到二星级以上标准的	市级:二星级2万元/户、三星级3万元/户、四星级4万元/户、五星级5万元/户。区级:1万元/户
组建乡村休闲游合作社	注册资金在50万元以上,经营农家乐10户以上	10万元/社
	租赁贫困户闲置农房,注册资金在50万元以上的	市级:10万元/社 区级:10万元/社
创新创业	核心示范户	享受贴息额度为贷款30万元,按国家基准利率给予全额贴息

2.引导市民下乡

较"原住"的农民,市民在资金、人脉、可抵押贷款等方面更具优势,更具有经营农业产业的能力,因此,武汉市将鼓励"下乡"的对象设定在能人、企业家、知识分子、城镇

居民等四类人群,政策扶持对象由原来的农民转向这四类人群,开启了"市民下乡租农房住,还能拿奖励"的农房盘活利用新局面。

3.鼓励多元化盘活利用

对盘活利用形式未做限制,鼓励"市民下乡"以租赁、合作方式利用闲置农房发展农家乐、组建乡村休闲游合作社、开展技术指导和创业服务、发展农村电子商务、开设农村生产和生活资料服务网点、开展休闲养老、作为住所、发展农村第三产业、兴建老年人互助照料中心、开办民间博物馆等。

4.规范闲置农房改造

闲置农房的盘活利用以内部改造为主,不得破坏房屋整体结构。

(二)完善组织体系,明确责任分工

"市民下乡,村民进城"工作在武汉市新农村建设工作领导小组组织框架下开展,该领导小组于2012年成立,由市委书记担任组长,市长任第一副组长,成员单位60个,基本上包括了市直所有委办局。

武汉市农委具体统筹协调,会同相关部门制订实施方案、设计政策制度,并联合各区县每月召开一次工作协调推进会和政策讨论会;各区县加强对本区闲置农房盘活利用的指导工作,定期上报闲置农房盘活利用工作推进情况;村集体为实施主体,具体负责市场对接、房源信息真实性审核、租赁协议签订协调、协议签订数据统计上报以及农房规范化管理等工作。

(三)创新宣传方式,提升政策影响力

武汉市针对农房出租方(村民)和承租方(下乡市民)采取不同的宣传方式。对村支书,应着重加强闲置农房盘活利用政策宣传,并将300多个村支书的联系方式在网上公布,方便有闲置农房出租需求的村民及时与他们沟通联系;针对有下乡租赁闲置农房需求的承租方,武汉市定期举办推介会,同时借助中央电视台、长江日报等媒体进行宣传报道。

(四)借助政府信息平台,发布闲置农房信息

经农民自愿出租、农村集体经济组织同意,且通过合规性审查的闲置农房,可在农村综合产权信息平台、农业政务网等平台申请发布招租信息,信息发布具体包括领取表格、填写表格、信息筛选、提交申请、信息发布5个步骤,如图5.13所示。承租人也可以通过平台发布承租信息,并由武汉农村综合产权交易所负责审核承租人基本信息,如图5.14所示。

(五)分步实施,有序推进

按照村落基础设施条件,分步推进闲置农房盘活利用。优先向下乡市民推荐已进行美丽乡村建设、基础设施和公共服务设施相对较好的村落。对于在贫困地区进行闲置农房盘活利用的,政府同时给予基础设施配套奖励。

| 领取表格 | 出租人和承租人在新城区新农办、所在地村委会、武汉市农村综合产权交易所（以下简称农交所）领取房屋出租或承租申请表或从武汉市农村综合产权交易所网站下载申请表格。 |

| 填写表格 | 出租申请人应填写申请人个人基本情况、空闲农房基本情况、空闲农房租赁或合作方式、价格、期限等信息；承租申请人填写的内容包括申请人基本情况和承租的意向区域、所需面积、承租年限、意向价格、主要用途等。 |

| 信息筛选 | 村委会负责审核出租人、空闲农房基本情况、出租意向，审核同意后，村委会负责人将在出租申请书上签字并加盖村委会公章；承租人信息筛选由武汉市农交所进行在线审查，只有通过了信息筛选，出租人或承租人才能凭相关资料向农交所申请信息发布。 |

| 提交申请 | 信息筛选通过后，承租申请人或委托人向农交所提出信息发布申请，并提交附件材料至农交所受理窗口（武汉市江岸区金桥大道117号市民之家三楼F区6号、7号窗口） |

| 信息发布 | 农交所所在接受出租、承租信息发布申请后，在三个工作日内，在信息发布平台上进行信息发布。所发布的出租、承租信息，按各新城区、街乡镇场、村湾进行分类发布。 |

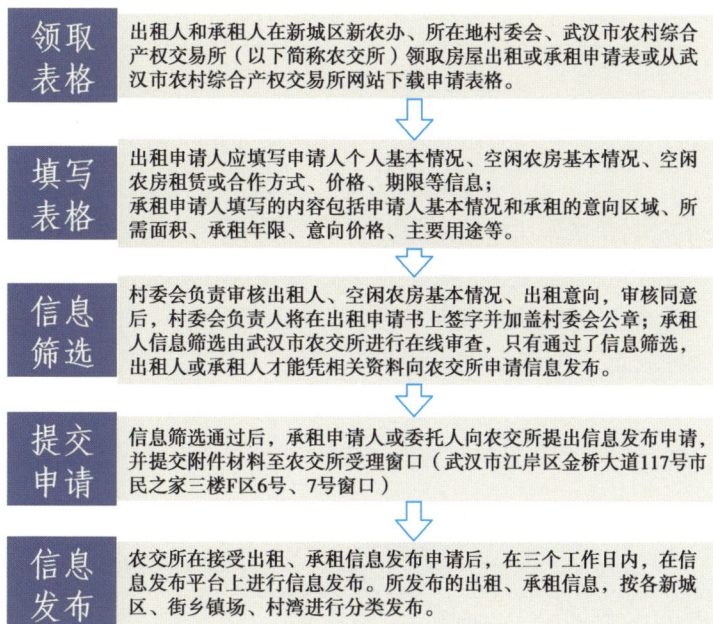

图 5.13　武汉市闲置农房租赁、合作信息发布流程图
资料来源:《关于开展"市民下乡、村民进城"活动　加快我市新农村建设的支持措施(暂行)》。

图 5.14　武汉市闲置农房交易信息平台

第五节 广西壮族自治区金秀瑶族自治县

一、背景

广西壮族自治区金秀瑶族自治县(以下简称"金秀县")位于广西壮族自治区来宾市。2016年11月,为进一步发挥旅游民宿业在提升产业、旅游扶贫、繁荣农村的引领作用,金秀县结合"百里瑶寨风情画廊"建设,出台了《金秀瑶族自治县加快发展生态乡村民宿旅游示范村(屯)建设实施方案》,明确以金秀、长垌、六巷、忠良、罗香等8个乡(镇)为重点,统一规划设计,突出民族特色,适时适度发展,全面启动全县民宿旅游建设,并在此基础上制定了民宿旅游管理办法。金秀县民宿旅游建设主要包括三种模式,一是对原有"农家乐"的升级,二是对原瑶族传统民居旧房的改造,三是对保留原有民居风格的新建。图5.15为金秀县民宿实景图。

图5.15 金秀县民宿实景图

二、盘活利用模式

(一)加强专题调研,制定规范政策

为引导和规范全县民宿旅游建设,金秀县组织专家对全县民宿旅游的发展现状和前景等问题进行了调查研究,详细分析研判了当地资源情况和群众发展意愿,并在此基础上制定了《金秀瑶族自治县民宿建设管理办法》《金秀瑶族自治县生态乡村民宿旅游示范村(屯)建设实施方案》《金秀瑶族自治县民宿建设奖励办法》等政策文件,让民宿建设和民宿奖励有章可循、有标可依。同时,在旅游民宿建设中,特别要求充分利用闲置农房(或闲置的村集体用房、林场住房等),经整体设计修缮和改造,为游客提供具有乡野休闲养生功能的住宿场所。

(二)构建"市+县+乡"示范体系,提升民宿品质

以民宿示范点建设为引领,全县构建了"市+县+乡"三级示范体系,着力打造市级民宿示范点2个,县级民宿示范点4个,乡级示范点13个,如表5.2所示。三级民宿

示范点体系建设,形成了全县民宿梯度发展格局,丰富了全县民宿产品体系,提升了全县民宿质量品质。

表5.2 金秀县民宿示范点名单

示范等级	序　号	民宿示范点名称
市级	1	大岭村
	2	滴水村溶洞屯
县级	3	长垌乡平道村
	4	忠良乡巴勒
	5	金秀镇金村屯
	6	罗香乡罗运村
乡级	7	六巷乡门头村
	8	长垌乡马安屯
	9	长垌乡屯西屯
	10	忠良乡岭祖
	11	忠良乡车田村
	12	罗香乡横村屯
	13	金秀镇白沙屯
	14	金秀镇金田村
	15	金秀镇六段村
	16	三江乡古范村
	17	三角乡甲江村
	18	大章乡花炉村
	19	三江乡柘山村大磨屯

(三)鼓励多种盘活利用模式,保障农民获益

金秀县因地制宜,鼓励灵活采用"公司＋协会""公司＋协会＋农户""协会＋农户""农户自主经营"(图5.16)等多种盘活模式,对闲置农房(或旧居)进行民宿改造建设,加速农民资产的资本化变现,拓宽农民增收渠道。同时,对于引进的开发企业,金秀县在资金等方面具有明确要求,严禁企业通过抵押闲置农房(或旧居)获取建设资金。此外,在闲置农房盘活利用的同时,金秀县鼓励村民开发农事体验、健康健身、高山露营等旅游体验项目,丰富旅游产品,与民宿旅游形成优势互补,保障农户获益。

(四)加强组织领导,明确责任分工

为确保闲置农房盘活利用工作有序推进,金秀县委、县政府成立民宿建设旅游工作领导小组,全面负责组织、协调民宿建设工作,定期召开民宿旅游建设推进工作协调会,就创建示范点及相关工作进行督查和指导。

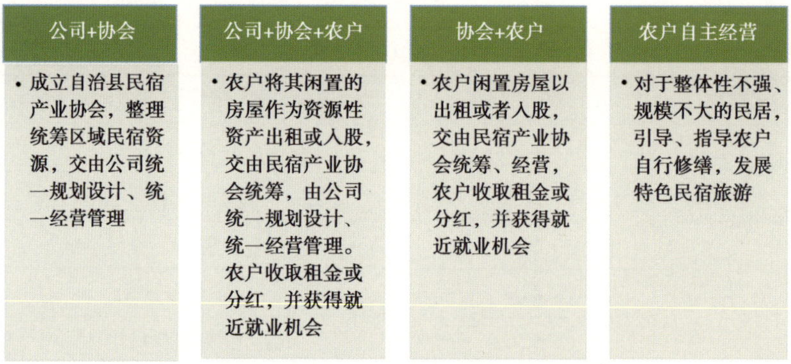

公司+协会	公司+协会+农户	协会+农户	农户自主经营
• 成立自治县民宿产业协会,整理统筹区域民宿资源,交由公司统一规划设计、统一经营管理	• 农户将其闲置的房屋作为资源性资产出租或入股,交由民宿产业协会统筹,由公司统一规划设计、统一经营管理。农户收取租金或分红,并获得就近就业机会	• 农户闲置房屋以出租或者入股,交由民宿产业协会统筹、经营,农户收取租金或分红,并获得就近就业机会	• 对于整体性不强、规模不大的民居,引导、指导农户自行修缮,发展特色民宿旅游

图5.16　金秀县农房盘活利用模式图

第六节　各地闲置农房盘活利用经验借鉴

一、模式分析

通过对以上各省市县闲置农房盘活利用模式的分析研究,目前各地在闲置农房盘活利用工作开展中已基本达成共识,形成了一条清晰的脉络。

(一)开展摸底调查,了解资源状况与意愿

摸底调查的目的是摸清区域闲置农房的数量、分布、权属、面积等基本情况,了解盘活利用意愿。这是闲置农房盘活利用工作开展的基础和前提。摸底调查可结合房地一体的农村宅基地综合发证、农房登记、农业资源调查等工作一并开展,建立闲置农房动态信息数据库,为政策制定、信息发布、规范管理等后续工作提供基础支撑。

(二)加强组织领导,明确部门责任与分工

闲置农房盘活利用工作涉及面广、政策性强,需要规划自然资源、环保、安监、消防等多个部门的密切配合,新农村建设、农业综合开发、村村通建设、扶贫专项等多项资金的整合。因此,加强组织领导,成立专门的领导小组统筹协调闲置农房盘活利用工作;同时,明确市、县、村责任分工,市级层面注重政策引导,区县指导本区域闲置农房工作开展,乡镇和村集体为实施主体,是闲置农房盘活利用工作顺利推进的保障。

(三)搭建信息平台,促进供需有效对接

搭建闲置农房出租和承租信息发布平台,促进盘活利用供需的有效对接,是各地区闲置农房盘活利用工作的主要内容之一。通过平台发布闲置农房相关信息,能够提高工作的公信力,促进闲置农房盘活利用的规范化管理。

(四)强化政策支持,引导和规范盘活利用

制定支持政策的作用突出体现在两个方面,一是通过鼓励措施引导闲置农房的盘活利用,二是通过制度设计来规范闲置农房盘活利用行为。其中,鼓励措施包括开发建设、基础配套、金融资金等多个方面;规范行为包括闲置农房宅基地合规性审查、风貌和品质改造要求、产权流转等内容。

重庆市外部分地区闲置农房盘活利用主要做法对比如表5.3所示。

表5.3　重庆市外部分地区闲置农房盘活利用主要做法对比表

地区	闲置农房调查	组织领导	信息平台	政策出台机构
安徽省	结合房地一体农村宅基地综合发证工作开展调查、建库	省促进旅游业改革发展领导小组	农汇网	安徽省人民政府办公厅
海南省	—	成立"共享农庄"推进领导小组	海南"共享农庄"网	海南省人民政府
浙江省绍兴市	上虞区1 815间	成立农村产权交易工作领导小组	乡路网	绍兴市委办公室
浙江省云和县	1 000多套	县农业局牵头	丽水市农村产权交易平台	云和县人民政府办公室
湖北省武汉市	11.6万套	武汉市新农村建设工作领导小组	武汉市农村综合产权信息平台、武汉市农业政务网	武汉市人民政府办公厅
广西壮族自治区金秀县	了解当地资源情况和群众发展意愿	成立自治县民宿建设旅游工作领导小组	—	县委、县政府办公室

二、经验借鉴

(一)注重因地制宜,分类盘活利用闲置农房

各地区闲置农房分类盘活利用突出体现在以下两个方面:一是盘活时序方面,优先发展基础设施较完善、旅游发展较好的景区周边以及交通干线沿线村落。如湖北省武汉市优先推荐已完成美丽乡村建设的村湾进行盘活利用,安徽省依次拟推进中国传统村落等品牌村落、国际旅游示范区等旅游区、城市近郊和交通干线闲置农房盘活利用。浙江省云和县则优先选择基础条件好、村两委和群众参与积极性高的村落进行试点。二是盘活利用方式方面,鼓励根据农房自身条件、区位交通以及各主体自身因素等情况,因地制宜地采用租赁、合作、入股等多种方式盘活利用。特别地,浙江省云和县结合本县城镇化率(70%)较高的实际情况,采用征收再利用的方式盘活利用闲置农房,其他区域则鼓励多主体参与多方式盘活的模式,如"农户+农户""农户+企业""农户+农民合作社+企业""企业+农民合作社"等。

(二)注重创新支持政策,引导盘活利用闲置农房

针对当前闲置农房盘活利用存在的法律法规和政策体制不完善、不适应的实际,各地区创新设计支持政策,引导和推动盘活利用闲置农房。如湖北省武汉市创新将原

来给农户的相关政策转向给能人、企业家、知识分子、城镇居民等群体。浙江省云和县考虑到农户自主盘活品质低、企业盘活存在矛盾纠纷等问题，创新性提出"征收再利用"的盘活利用方式，并且明确了相应的程序，吸引企业入驻。浙江省绍兴市在政策设计中，对闲置农房改扩建需求予以重点关注。此外，闲置农房盘活利用要加强与美丽乡村建设、精准脱贫攻坚、乡村旅游发展、田园综合体建设等政策融合，充分发挥政策整合优势。

（三）注重依托特色产业，推动产业融合发展

各地立足于本地经济状况、资源特色和产业特点，特别是利用区域已有品牌，将闲置农房盘活利用工作与相关产业融合，不断扩大关联产业的影响力及美誉度，提升闲置农房盘活利用效益。安徽省将闲置农房盘活利用与乡村旅游相结合，浙江省和广西壮族自治区金秀县将盘活利用与民宿发展相结合，特别是金秀县注重对瑶族品牌文化及瑶药的深度融合，海南省和湖北省武汉市加强了休闲业与农业观光等产业融合发展，推动闲置农房盘活利用。

（四）注重优化设施环境，夯实盘活利用基础

在乡村振兴战略实施过程中，多地结合美丽乡村建设，通过科学规划、综合整治，不断加大对乡村基础设施环境的改善，不断提高乡村便利性和宜居性。湖北省武汉市对部分村落完成了美丽乡村建设，基础设施得以提升，同时对在贫困村有盘活利用需求的，提供基础设施奖励。广西壮族自治区金秀县明确了市县乡民宿示范点的建设内容，其中包括对乡村环境卫生整治，水电、通信设施改造等方面。海南省为了发展共享农庄，提出加强农村冷链物流网建设，完善道路、旅游厕所、生态停车场、污水处理等设施。

第六章　重庆市闲置农房盘活利用路径

当前重庆市闲置农房盘活利用存在"政策有支持、资源有保障、农户有意愿、市场有需求、发展有基础、经验可借鉴"等利好条件,在乡村振兴战略实施下必有良好的发展前景。我们围绕如何盘活、如何规范化管理两个方面,探索重庆市闲置农房盘活利用路径。

第一节　基本构想

全面贯彻党的十九大精神,以习近平新时代中国特色社会主义思想为指导,依托重庆市丰富的避暑资源、休闲农业与乡村旅游品牌和优势特色产业,以满足城乡居民休闲消费需求为导向,以闲置农房盘活利用为基础,遵循以农为本、融合发展,规划管控、市场运作,试点先行、助力扶贫,保护生态、突出特色的原则,结合乡村振兴战略的实施,选择一批条件好、有特色、积极性高的村庄率先试点,探索农业生产生活生态"三生同步"、一二三产业"三产融合"、农业文化旅游"三位一体"的新模式、新业态、新途径,实现村庄美、产业兴、农民富、环境优的目标。

第二节　基本原则

一、以农为本、融合发展

闲置农房的盘活利用要坚持以农为本、农地农用,突出农业特色,发展现代农业,挖掘农业多元属性,拓宽非农功能,促进"农旅文"等产业深度融合,实现以农促旅、以旅强农、以文创树品牌、以网络促销售的目标。保护好青山绿水,保留田园风光,留住乡情乡愁,实现可持续发展。着力构建企业、合作社和农民利益联结机制,带动农户参与闲置农房盘活利用,获得租金、劳务、入股分红、品牌溢价等多种收入。

二、规划管控、市场运作

一是在符合市域空间"多规合一"和"三线"要求前提下,结合村规编制工作,制定区县、乡镇闲置农房盘活利用规划和实施方案。将闲置农房的盘活利用纳入村庄建设规划内容,强化闲置农房盘活利用规模、风貌管控,充分体现地域特色。二是按照政府引导、企业参与、市场化运作的要求,创新发展模式、管理方式和服务手段,全面激活市场、激活要素、激活主体,调动多元化主体共同盘活利用闲置农房的积极性。政府重点做好顶层设计、提供公共服务等工作,防止大包大揽。

三、试点先行、分类盘活

一是根据市场需求,选择一批基础条件好、有特色、积极性高的村庄先行试点,探索可持续、可借鉴、可推广的经验,因地制宜,循序渐进,防止一哄而起。二是要秉持分类盘活、差异化发展理念,对于不同类型、区位的闲置农房因地制宜地采用盘活利用模式,确保闲置农房顺利有序地盘活利用。

四、突出特色、助力扶贫

一是树立尊重自然、顺应自然的理念,保护乡村好风光,美化山水林田湖,打造田园绿色美。多种形式挖掘、利用、展示巴渝村落文化、特色民居、红色文化、民族文化、农耕文化等,体现重庆地域风情和人文之美。二是把闲置农房盘活利用和脱贫攻坚紧密结合起来,优先在自然环境良好的贫困村,特别是少数民族贫困村进行闲置农房盘活利用,形成贫困户与经营主体利益共同体,通过土地入股、出租、务工等方式增加贫困户收入,实现脱贫致富。

第三节　盘活利用指引

一、盘活利用区位条件

按照地缘性标准将闲置农房划分为城市边缘型闲置农房、山区型闲置农房、景区边缘型闲置农房。结合重庆市实际,我们将城镇周边的闲置农房称为城市边缘型闲置农房,距离城镇较远的闲置农房称为山区型闲置农房,位于景区景点周边的闲置农房称为景区边缘型闲置农房。

(一)城市边缘型闲置农房盘活利用指引

重庆市各区县县城周边的乡村闲置农房属于此类型。此区域距离县城较近,区位优势明显,农村基础配套设施相对完善,城镇与乡村元素碰撞较为激烈。闲置农房盘活利用主要以吸引具有持续性的城镇周末消费群体为主,包括农家乐、观光农业、教育农园、农事体验、休闲养老、文化创意等形式。

(二)山区型闲置农房盘活利用指引

山区型闲置农房距离各区县县城较远,乡村农业生产特征明显,农业农村文化底蕴深厚,拥有较多的乡村旅游资源,但农村基础配套设施相对较差,主要基于自身特色吸引客源。重庆市远离区县县城的乡村闲置农房属于此类。闲置农房盘活利用主要结合农村特有的资源禀赋,开发生态、度假休闲、农耕体验等产品,包括生态农庄、避暑休闲、农耕体验、科技农园等形式。

(三)景区边缘型闲置农房盘活利用指引

与城市边缘型不同,景区边缘型闲置农房因所处区域距离景区较近,基础配套设施相对较好,其客源主要依赖于旅游景区的游客。重庆市239个A级旅游景区周边的闲置农房属于此类。闲置农房盘活利用注重与景区旅游产品形成互补,形成旅游景区产品在农业领域的延伸,主要提供民宿、农家乐、民俗体验等产品。

表6.1 所示为重庆市闲置农房盘活利用空间指引表。

表6.1　重庆市闲置农房盘活利用空间指引表

类 型	区 域	客 源	主要产品	已有代表项目
城市边缘型	各区县县城周边	县城居民	农家乐、观光农业、教育农园、农事体验、休闲养老、文化创意	归原小镇
山区型	各区县乡村	项目自身吸引游客	生态农庄、避暑休闲、农耕体验、科技农园	奉节卡麂坪
景区边缘型	旅游景区周边	依赖于旅游景区的游客	民宿、农家乐、民俗体验	巴渝民宿、全家院子、归原小镇

二、盘活利用重点片区

依托重庆市闲置农房资源空间分布特征、乡村旅游资源分布特征、地形地貌特征、建筑文化特征、山水人文格局特征等,结合《重庆市乡村旅游总体规划》,我们将重庆市闲置农房盘活利用划分为四大片区。

（一）主城区

分布范围:江北区、渝北区、沙坪坝区、大渡口区、九龙坡区、南岸区、北碚区、巴南区。

发展指引:按照"服务主城市民、统筹城乡发展"的开发主旨,以都市农业、观光农业、现代农业为基底,以满足城市居民乡村旅游为导向,以假日踏青游、种菜体验游、乡土风情游、纳凉娱乐游和温泉康体游为主要项目载体,积极鼓励城镇居民、艺术家下乡,开发养生养老、文化创意型闲置农房盘活利用产品,满足城市居民开展城郊短线乡村休闲、游憩和周末度假等需求,打造环重庆主城的"快节奏、慢生活"乡村观光休闲旅游目的地。

主城区片区闲置农房盘活利用指引如表6.2所示。

表6.2　主城区片区闲置农房盘活利用指引表

区县名称	品牌形象	发展指引
江北区	滨江人家	优先盘活五宝镇滨江段的闲置农房,融入滨江垂钓活动,体验过去重庆人滨江谋生的文化
渝北区	庄园洋家	围绕庄园式休闲农业景区开发建设,盘活利用闲置农房
沙坪坝区	翰林人家	依托区域教育文化资源,进行以"文化教育"为主题的闲置农房盘活利用
大渡口区	农渡人家	将川江号子和水八碗等文化融入闲置农房盘活利用中

续表

区县名称	品牌形象	发展指引
九龙坡区	故事人家	将走马民间传说融入闲置农房盘活利用中,塑造"故事人家"品牌
南岸区	农场人家	依托离客源市场近的优势,吸引城市居民来休闲娱乐和种植绿色植物,满足其对"自给自足"的原生态产品的需求
北碚区	农园人家	依托现有的台农生态园、静观花木基地等农园景观,打造农园人家品牌
巴南区	巴泉人家	借助东温泉资源优势,使得闲置农房盘活利用更好地服务东温泉旅游发展

(二)渝西片区

分布范围:长寿区、涪陵区、合川区、永川区、璧山区、大足区、荣昌区、江津区、铜梁区、潼南区、綦江区、万盛经开区、南川区。

发展指引:围绕"美丽乡村"的乡村旅游发展主题,结合湖泊生态美、花木芳香美、古镇风貌美、茶山梨乡美、乡野风味美、湿地荷花美、乡土工艺美、山乡新村美、龙乡民俗美、生态菜花美、乡间艺术美等"一区县一美感"的美丽乡村格局打造,盘活利用闲置农房。同时,借助区域花卉观光、水果采摘、农事体验、乡村度假等活动品牌影响力,鼓励企业下乡或组建农民合作社盘活利用闲置农房,打造农事体验、休闲度假等特色产品。

渝西片区闲置农房盘活利用指引如表6.3所示。

表6.3 渝西片区闲置农房盘活利用指引表

区县名称	品牌形象	发展指引
长寿区	长寿人家	依托长寿优美的乡村自然环境,以"寿文化"为主题,盘活利用闲置农房
涪陵区	花木客家	以"大木花谷"和"客家碉楼"为吸引和主题形象,盘活利用闲置农房,并探索构建联结花木种植产业与客家民俗风情服务的产业链
合川区	山水人家	将钓鱼城军事文化、涞滩古镇文化、三江码头文化等融入闲置农房盘活利用中,打造"山水人家"品牌
永川区	茶梨农家	围绕茶山竹海与黄瓜山品牌,进行闲置农房盘活利用,开发融合茶、梨等农产品种植采摘等活动
璧山区	美食人家	将璧山兔、来凤鱼等乡村美食融入闲置农房的盘活利用中
大足区	庄园农家	依托大足龙棠大道周边汇集的现代农业庄园集群,以"庄园农家"为品牌形象,盘活利用闲置农房,并以此发展荷花的实地植物种植、观赏等活动

续表

区县名称	品牌形象	发展指引
荣昌区	匠乡世家	充分挖掘荣昌乡土艺术瑰宝,整合乡村民宿手工艺,将闲置农房改造为具有浓郁地方艺术特色的民宿
江津区	爱情人家	借助"爱情天梯"的故事,将浪漫、时尚与乡土风情融为一体,融入闲置农房盘活利用中
铜梁区	龙乡人家	以"龙乡"为主要品牌形象和吸引力,在闲置农房盘活利用中,注重对龙文化元素的应用,充分传承和发扬铜梁龙文化
潼南区	菜花人家	依托潼南现代农业,将闲置农房盘活利用与农耕文化体验、生态农业观光、绿蔬采摘、乡村美食体验等活动融合
綦江区	版画人家	加强綦江农民版画等艺术与闲置农房盘活利用的融合,将闲置农房改造为具有浓郁地方特质的旅游产品,提升艺术价值
万盛经开区	黑山人家	借助黑山谷的旅游知名度和避暑旅游形象,将闲置农房开发成具有避暑、休闲等功能的住宿产品,丰富黑山谷旅游接待产品体系
南川区	金佛人家	利用金佛山的盛名来力推包括生态大观园在内的现代农业产业,并在此基础上盘活利用闲置农房,打造"金佛人家"

(三)渝东北片区

分布范围:万州区、城口县、垫江县、丰都县、忠县、梁平区、开州区、云阳县、奉节县、巫山县、巫溪县。

发展指引:依托区域大巴山森林旅游与长江旅游黄金带等资源,结合滨水生态乡村旅游、特色山地乡村旅游、特色峡谷乡村旅游、库区新城镇旅游等旅游品牌,通过鼓励农户自主开发或组建农民合作社盘活利用闲置农房,将农房改造成具有避暑、休闲功能的特色产品,打造原生态三峡风貌和原汁原味库区山野农家的养生度假旅游目的地。

渝东北片区闲置农房盘活利用指引如表6.4所示。

表6.4　渝东北片区闲置农房盘活利用指引表

区县名称	品牌形象	发展指引
万州区	三峡人家	将三峡民俗文化融入闲置农房盘活利用中,注重对三峡文化元素的挖掘,提升产品的文化内涵,打造"三峡人家"
城口县	大巴山森林人家	依托秦巴山原始森林,打造"大巴山森林人家",提供具有休闲度假、避暑养生的旅游产品
垫江县	牡丹人家	以"牡丹"为文化元素,盘活利用闲置农房

续表

区县名称	品牌形象	发展指引
丰都县	太平人家	以具有农耕特色的太平坝为引领和突破口,优先在太平坝进行闲置农房盘活利用,开发农事耕作、民俗风情、观光游览等产品
忠　县	橘海人家	围绕柑橘文化,盘活利用闲置农房
梁平区	梁竹人家	依托百里竹海景区,开发具有浓郁"竹"文化的闲置农房盘活利用产品
开州区	滨湖人家	优先在汉丰湖周边进行闲置农房盘活利用
云阳县	移民新家	将云阳的移民文化融入闲置农房盘活利用
奉节县	兴隆人家	通过闲置农房盘活利用,促进奉节乡村农业得到进一步发展,农民生活更加富裕
巫山县	神女人家	将巫山秀丽的湖光山色、丰富的乡村人文气息和多彩的农业生产景观有机结合起来,并融入闲置农房盘活利用中
巫溪县	逍遥人家	借助巫溪自驾游、自助游、独行游的旅游优势,盘活利用闲置农房,将闲置农房改造成旅游者住宿的驿站

(四)渝东南片区

分布范围:黔江区、武隆区、石柱县、秀山县、酉阳县、彭水县。

发展指引:将民俗"体验式"的感官感受作为闲置农房盘活利用的主线,带动农村地区经济社会发展和武陵山区旅游扶贫,实现地区经济社会发展、生态环境保护以及民俗文化的继承和发扬。同时,借助已有的避暑休闲资源和产业,并结合农业特色、民俗特色、生态特色,打造具有避暑、休闲功能的闲置农房盘活利用产品。

渝东南片区闲置农房盘活利用指引如表6.5所示。

表6.5　渝东南片区闲置农房盘活利用指引表

区县名称	品牌形象	发展指引
黔江区	武陵人家	依托黔江区域武陵山自然生态优势和武陵文化,将闲置农房改造成武陵人家,并在改造中注重对土家文化的挖掘和呈现
武隆区	仙女人家	以武隆世界自然遗产为吸引力,优先在仙女山周边进行闲置农房盘活利用,满足旅游住宿需求,闲置农房的改造应注重对"仙女"文化的挖掘
石柱县	黄水人家	借助黄水乡村旅游品牌,鼓励周边居民盘活利用闲置农房,满足旅游者避暑休闲的需求
秀山县	边城人家	以边城文化引导闲置农房盘活利用,让旅游者在居住过程中享受诗情画意的高雅文学意境
酉阳县	桃源人家	用桃花源文化装点闲置农房盘活利用产品,做大做强"桃源人家"品牌
彭水县	阿依苗家	充分挖掘苗族文化,将苗族的"娇阿依"品牌融入闲置农房盘活利用中,打造"阿依苗家"

三、盘活利用主要模式

(一)盘活利用主体

妥善处理好政府、企业、集体(农户)三者关系,确定合理的建设运营管理模式,形成健康发展的合力。政府重点负责政策引导和规划引领,营造有利于闲置农房盘活利用的外部环境,形成"政府支持基础设施及公共服务设施建设,其他主体主导项目投资"的闲置农房盘活利用建设模式;企业、村级组织、农民合作社及其他市场主体发挥在闲置农房盘活利用和实体运营中的作用;农民通过合作化等方式,实现在闲置农房盘活利用中的就近就业。

1. 以农户为主体

有技术、有能力、有经营理念的农户直接对自有闲置农房进行盘活利用,开办民宿或农家乐,提升农户的资产性收入。闲置农房盘活利用资金以农户自筹为主,奖补资金为辅,现有可整合的奖补资金包括农村危旧房改造、扶贫专项等。对于以部分房间闲置为主、空间分布较分散、处于城市或景区周边的闲置农房,较适合农户自主盘活。

2. 以村集体为主体

如图6.1所示,按照"农民合作社(协会)+农户"的模式,由村集体成立的合作社以股份合作、租赁等方式,整合农民闲置农房资源,进行开发建设和运营,增强和壮大集体经济组织发展活力和实力,使农户获得租金、分红以及就近就业机会。特别是对有闲置农房、无资金、无技术的农户,村集体主导盘活利用是较好的选择。同时,闲置农房盘活利用也是探索发展集体经济的一个重要抓手。

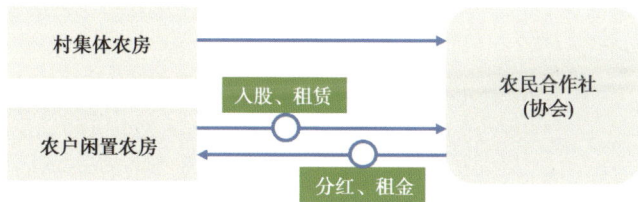

图6.1 村集体主导闲置农房盘活利用图

3. 以社会资本为主体

如图6.2所示,一种方式是社会资本(企业)按照"企业+农民合作社(协会)+农户"或"企业+农户"的模式,以股份合作、租赁等方式,整合农户闲置农房资源,进行闲置农房盘活利用与经营;另一种方式是对以自然村落、特色片区为开发单元的,鼓励通过征收再利用的方式将闲置农房公开处置给企业,由企业进行统一打造和运营。

4. 以下乡市民为主体

如图6.3所示,通过政策引导,吸引能人、知识分子、居民等市民下乡,通过租赁、合作等方式盘活利用闲置农房,发挥市民在资本、技术、营销等方面的优势,盘活利用闲置农房,促进农户闲置农房资产性功能显化。

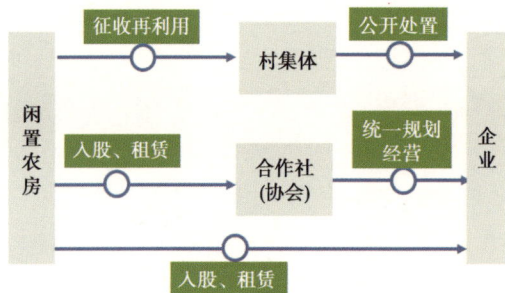

图6.2　企业主导闲置农房盘活利用图

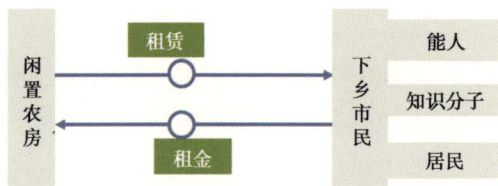

图6.3　下乡市民主导盘活利用闲置农房图

（二）盘活利用形式

针对不同的消费群体,结合闲置农房自身区位条件、周边资源特色等因地制宜地进行个性化盘活利用(改造)。在盘活利用形式上,根据重庆市市场需求实际,通过盘活利用改造为休闲度假、避暑休闲、文化创意、养生养老、农事体验等多个产品类型,通过互联网、物联网等技术平台,与市场需求对接,形成政府、企业、集体、农户、消费者等多方共赢。

1.休闲度假型

根据世界旅游组织标准,当一个地区人均GDP超过5 000美元时,该地区就进入了休闲度假时代。重庆市2018年人均GDP达到9 983美元,按此标准,已进入休闲度假时代,服务和享受型消费比重不断提高,居民旅游需求由单一的观光型向品质型、功能型转变,休闲度假需求不断增加。通过盘活利用闲置农房和宅基地,发展特色民宿、农家乐,吸引消费者特别是"候鸟"前往民宿、农家乐休闲度假,如图6.4所示。

2.避暑休闲型

重庆市夏季高温持续时间长,避暑休闲已成为居民的主要休闲度假需求,武隆仙女山、石柱黄水、万盛黑山谷等地已成为知名的市民避暑目的地。结合重庆市丰厚的避暑资源,鼓励在20个避暑休闲地产重点开发区域,根据市场需求盘活利用闲置农房,发展具有避暑休闲功能的民宿、农家乐等业态,形成"避暑休闲地产+闲置农房改造"产品体系,如图6.5所示。

3.文化创意型

立足特色资源,树立文创理念,吸引各类艺术家、创客利用品牌设计、故事挖掘、艺术再造、农业科普等文创艺术方式,打造集人文要素、生态要素、科技要素、创意要素于一体的特色闲置农房盘活利用产品,逐渐产生艺术家集聚的规模效应,逐渐形成具有一定特色的文化创意相对集聚的村落,如图 6.6 所示。

图 6.4　休闲度假型盘活利用形式指引图

图 6.5　避暑休闲型盘活利用形式指引图

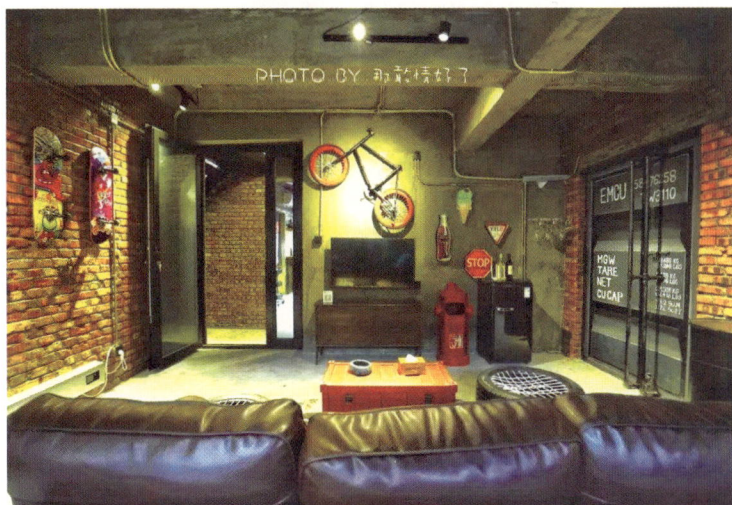

图 6.6　文化创意型盘活利用形式指引图

4. 养生养老型

截至 2018 年,重庆市常住总人口 3 101 万人,其中,65 岁及其以上老年人口 437 万人,占总人口的 14.1%,老龄化率位居全国前列。乡村空气清新、环境安宁、食材新鲜、生活成本低,乡村养生养老成为老年人养老的重要选择之一。依托乡村自然山水条件,将闲置农房盘活利用成城市老年人休闲养老的居处,发展"候鸟型"与"旅游休闲度假型"相结合的寄养式异地养老新模式,如图 6.7 所示。

图 6.7　养生养老型盘活利用形式指引图

5. 农事体验型

重庆市渝西和渝东北片区休闲农业品牌丰富,鼓励闲置农房盘活利用与休闲农业品牌融合,将闲置农房与周边的农用地一并进行盘活利用,打造"民宿 + 农地"农耕体验产品,将农地按一定面积分块,把经营权租赁给以租赁合作方式利用闲置农房的经营者或者是民宿消费者,如"候鸟"人群、城市居民等,用于农事体验,亲自感受农耕乐趣,如图 6.8 所示。

图 6.8　农事体验型盘活利用形式指引图

四、盘活利用政策引导

闲置农房盘活利用涉及规划自然资源、文化旅游、住房和城乡建设等多个部门,当前重庆市闲置农房盘活利用中整合的政策资金包括精准扶贫类、乡村旅游类、农房改造类、土地类等方面(见表 6.6),一定程度上促进了闲置农房盘活利用,如精准扶贫类政策中,扶贫搬迁政策资金补助有效缓解了农户自主盘活利用的资金需求;土地类政策中,探索实行规划点状布局和点状征收,有效解决了企业盘活利用闲置农房的土地需求,并进一步明确了社会与村集体联营的程序。

表6.6   重庆市闲置农房盘活利用政策表(部分)

类　型	内　容	政策要点	文件名称
精准扶贫类	精准培育发展产业	引导贫困地区群众通过入股、劳务等方式,参与高山旅游地产、乡村旅游和休闲观光农庄等服务	《关于精准扶贫精准脱贫的实施意见》(渝委发〔2015〕19号)
	精准实施转移就业	1.确保劳动年龄段内有培训意愿的贫困人员"应训尽训"; 2.贫困毕业生和享受国家助学贷款学生给予一次性创业补贴	
	精准开展扶贫搬迁	1.市级以上财政补助资金:人均补助8 000元; 2.贫困户搬迁:在落实人均8 000元市级以上补助资金的基础上,贫困户搬迁再按人均2 000元补助; 3.对每个新增的高山生态扶贫搬迁集中安置点补助特色产业资金10万元	
	精准提供金融扶贫支持	1.对贫困地区支农再贷款利率在正常利率基础上再下调1个百分点; 2.实施精准扶贫小额到户贷款工程,为贫困户提供5万元以内、3年以下、基准利率、免抵押、免担保的小额信贷支持,由财政扶贫资金给予贴息	
乡村旅游类	金融支持	1.对月经营收入3万元(含3万元,按季纳税9万元)以下的乡村旅游经营户,免征增值税; 2.对从事乡村旅游的符合条件的小型微利企业,按规定执行小型微利企业所得税优惠政策; 3.对个人出租住房经营乡村旅游的,免征印花税,减按4%的税率征收房产税,免征城镇土地使用税	《重庆市人民政府办公厅关于加快乡村旅游发展的意见》(渝府办发〔2016〕127号)
	丰富产品业态	支持各地盘活闲置农房、闲置集体资产等,打造一批富有吸引力的特色民宿、森林人家、休闲农庄、乡村酒店和农家乐集群	

续表

类　型	内　容	政策要点	文件名称
农村危房改造	资金补助	1. C 级危房享受中央补助 7 500 元/户； 2. D 级危房户每户补助标准为 2.1 万元	—
土地类	土地保障	1. 鼓励集体经济组织以集体建设用地使用权入股、联营等形式与社会资本共同举办企业发展乡村旅游； 2. 确有需要开发休闲农业、乡村旅游等建设项目的，探索实行规划点状布局和用地点状征地	《重庆市国土房管局关于贯彻落实＜关于用好农业农村发展用地政策促进农民增收的指导意见＞有关事项的通知（试行）》（渝国土房管规发〔2016〕9 号）

第四节　盘活利用方式规范化管理指引

根据不同的闲置农房盘活利用方式，政府应采取差异化的、有针对性的规范化管理。

一、农户盘活

对于农户盘活闲置农房，一是鼓励各地结合区域特色与实际，制订闲置农房设计和改造导则，对农房改造质量和风貌做出规范化要求；二是鼓励出台民宿、农家乐星级评定标准，明确其软硬件配置要求，引导农户通过盘活利用将闲置农房改造为民宿、农家乐后达到旅游接待规定标准；三是加强对农户从事民宿或农家乐经营和服务人员培训，提升服务水平。

二、租赁经营

对于租赁经营方式，一是制定并推行闲置农房租赁合同示范文本，以契约方式明确租赁用途、租赁期限、使用要求、维修责任、房屋返还、违约责任和争议解决办法等各方权利、义务和责任；二是建立纠纷调处机制，及时处理闲置农房盘活利用过程中产生的矛盾纠纷，充分保护所有者、经营者、消费者的合法权益。

三、入股联营

对于入股联营方式，一是明确入股联营（成立农民合作社）的相关要求和程序，特别是要完善社会资本投入闲置农房盘活利用的政策体系，规范各主体利益分配；二是制订纠纷调处机制。

四、征收利用

对于征收利用方式，一是做好闲置农房确权办证工作，奠定闲置农房盘活利用权利基础；二是严格管理闲置农房改（扩）建，严控乱拆乱建行为，确需整体规划改造的，要符合规划自然资源、消防、环保和文物保护等行业要求，要特别注重融入本土文化，保持乡风乡貌、保留乡情乡愁。

第五节　农户权益保障

闲置农房盘活利用要树立共享发展理念,实现农户及各开发主体之间使用权、收益共享。在兼顾各方利益的同时,要特别注重充分保障农户权益,资产增值收益大部分归属农民,日常经营与承包经营权流转中的税费归政府。其中,农民参与共享机制包括以下几个方面:

一、租赁合作

积极鼓励市民下乡、企业下乡,通过租赁合作等方式盘活利用农户的闲置农房,并采取实物计租货币结算、租金动态调整的计价方式,兑现农民土地、房屋租金收入。

二、股份合作

农户以闲置农房使用权入股给企业或者农民合作社,由企业或农民合作社将闲置农房进行统一规划、打造、运营,鼓励利益分配采取"保底收益＋按股分红"方式,农民获得土地和房屋的股份收益,真正让"资源变资产、资金变股金、农民变股民",让农民获得财产和产业增值收益。

三、务工

在闲置农房盘活利用过程中,农民通过参与闲置农房改造等建设工作,获取相应的劳务报酬。同时,在民宿、农家乐及相关产业运营过程中,优先吸纳当地农民就业务工,获取工资性收入。

四、产业融合

闲置农房盘活利用与区域周边的农业、旅游业等相关产业融合,促进关联产业的发展,如特色农产品生产、加工和销售,增加就业机会,提高农民收入。

第七章　重庆市闲置农房盘活利用保障体系

为确保闲置农房盘活顺畅、利用高效，遵循十九大关于"社会治理重心向基层下移，发挥社会组织作用，实现政府治理和社会调节、居民自治良性互动"的原则，按照"组织有序、制度完善、平台健全、政策支持、监管有效"总思路，采取确实可行的保障措施，助推、引领、规范闲置农房盘活利用。

第一节　组织管理

一、加强组织领导，强化管理服务

重庆市政府指定专门部门负责协调全市闲置农房盘活利用工作，研究制定闲置农房盘活利用制度和政策。各区县政府建立健全分工负责、统一协调的工作机制，在市场准入、规划制定、审批手续、流通经营、功能调整、项目供地、投资融资以及税费优惠等方面给予政策倾斜。按照社会治理重心向基层下移的总要求，明确政府管理重点，充分发挥和调动村级组织在闲置农房盘活利用和管理中的优势和积极性，积极鼓励农户盘活利用及村民自治，相关政府部门根据各自职责提供相关服务，促进政府管理与村民自治良性互动。

二、加强开发引导，积极探索试点

闲置农房盘活利用是实现乡村振兴的战略路径，是推进农村土地节约集约利用的必然选择。在不断完善管理体制机制的基础上，充分考虑市场需求和农民诉求，适应新形势新要求，结合美丽乡村建设、田园综合体建设、避暑休闲、体验农业、休闲农业、乡村旅游以及农村一二三产业融合发展，加强闲置农房盘活利用的引导和规范管理。在有基础、有优势、有特色、有规模、有潜力的区域开展试点，破解闲置农房盘活利用过程中面临的问题和矛盾，力争取得实效，形成示范效应，并在此基础上针对不同的盘活利用模式形成一套完备的、成熟的制度机制。

三、加大宣传力度，做好政策普及

信息畅通、政策知晓是决定闲置农房盘活利用潜力的关键因素，各责任主体应高度重视政策宣传普及工作，采取多种形式加强相关制度、政策宣传。一是通过举办推介会、新闻发布会等宣传闲置农房盘活利用政策，加大对公众的宣传和业务介绍，让广大群众知晓并熟悉闲置农房盘活利用相关政策和工作程序；二是组织专门培训，提高工作人员素质，调动工作积极性,更好地与市场进行对接;三是借助重庆农村土地交易所网站设立闲置农房信息发布平台,实现供需信息有效对接。

第二节　制度保障

一、制度设计

为保证闲置农房盘活利用有序、可持续推进,必须遵循"以农为本、融合发展,规划管控、市场运作,试点先行、助力扶贫,保护生态、突出特色"总原则,按照"主体放活、方式多样、分类盘活、产业统筹、政策激励"总思路,重点在盘活利用主体、开发方式、利用形式、管理内容、支持政策、工作组织等方面制定相应的政策和制度,做好闲置农房盘活利用顶层设计。

主体放活是指要允许农民自身、农民合作社、市场主体、政府等多种主体共同参与闲置农房盘活利用。

方式多样是指要允许以复垦、征收、租赁、保留等多种方式实现闲置农房盘活利用,在用途上要予以适度放活,允许适度转变用途,但要杜绝用于小产权房开发。

分类盘活是指要综合考虑闲置农房自身条件、历史价值、区位条件、交通状况等因素,区别对待,分类盘活。对于边、远、散、部分危房等盘活利用价值较低的闲置农房,可指定土地储备机构参照地票价格进行收储或通过地票交易、增减挂钩等政策进行复垦处置,或经加固处理后用于农户生产用房(养殖);对于部分交通便利、区位条件好、有盘活利用价值的闲置农房,可通过农村产权综合交易平台依法出租或鼓励农户自主开发。其中,对于相对集中且闲置量较大的区域,通过点状征收或者租赁合作的方式引导社会资本进行整体打造;对于闲置规模较大且以部分房屋闲置为主的区域,鼓励农户自主盘活利用或村集体成立公司或合作社等进行入股联营;对于整栋闲置率较低的村落,可优先将闲置农房盘活利用为村图书馆、活动室、老年人活动中心等,发展农村文化事业。

产业统筹是指在盘活利用过程中,要遵循村规划要求,按照农村一二三产业融合发展思路予以开发。

政策激励是指要在用地优先办理、税收优惠、资金奖补等方面加大政策扶持,为盘活利用营造良好的政策环境。

闲置农房盘活利用还涉及农房价值评估、信息采集、审核、发布等事项,要在深化研究的基础上,尽快出台农村土地和房屋评估制度,信息采集、审核、发布与维护等制度,为闲置农房盘活利用顺利实施创造良好的制度条件。

二、政策支持

结合重庆市农村宅基地"三权分置"改革试点、"三变"改革试点、脱贫攻坚等工作,加强有关闲置农房盘活利用政策研究。

一是给予政策性奖励。对于盘活利用闲置农房达到一定规模(如利用农房数量占比30%以上),建设标准符合一定要求(如星级农家乐)的,按户给予奖补。对利用闲置农房组建乡村旅游合作社、进行创业创新、发展电子商务、发展农业科技、兴建老年人互助照料中心等的,均给予一定奖补。

二是金融支持。对盘活利用闲置农房进行创业创新、发展养老、乡村旅游的给予优先融资支持,为有市场、有效益、守信用、风险可控的新型农业经营主体提供征信服务。探索建立闲置农房租赁进场交易＋评估担保＋抵押融资＋资产处置,开展闲置农房长期租赁合同质押融资。

三是配套设施支持。对于盘活利用闲置农房达到一定规模的优先安排基础设施建设,如优先考虑设置村邮站或农村电子商务综合服务站,设置农村农资店,安排农村户厕改造或村无害化公共旱厕改造,配套建设污水处理设施等。对于征收再利用的,可将闲置农房相邻的建设用地一并纳入土地利用总体规划,办理土地征收和公开处置手续,进行集中开发,用于民宿、农家乐所需的厨房、卫生间等临时配套设施建设。对于项目红线外涉及使用非永久基础设施用地的,在不改变原土地性质的前提下,可通过流转等方式依法取得土地使用权。

四是无偿发布市场供求信息。利用重庆农村产权交易信息平台及巴渝民宿网站,对符合租赁、合作条件的农村闲置农房,无偿发布市场供求信息。

第三节　平台基础

为实现农村闲置农房与现实需求的有效对接,要以重庆农村土地交易所为基础,拓展构建闲置农房盘活利用规范化管理信息平台。平台应具备以下基本功能:

一是信息发布与查询。经村级组织审核通过的闲置农房出租信息和经土地交易所审核通过的承租信息,可在该规范化管理平台上发布,同时发布的农房信息可供查询,如闲置农房坐落、大小、周边环境、成交(签订租赁合同、合作意向等)情况等。

二是信息统计与推送。形成完善的信息统计报告制度,按照日、月、季、年等时间维度,平台应对出租承租信息条数、闲置农房成交量、成交面积、成交资金情况等进行统计汇总,作为有关部门的决策依据。

三是交易撮合服务。平台提供闲置农房交易合同签订相关服务,提供规范的闲置农房盘活利用租赁合同,对通过平台撮合达成的交易协议,平台核发交易见证书。

第四节　监督管理

各级政府在明确鼓励支持政策外,还要坚决杜绝政策投机,借闲置农房盘活利用之名套取扶持资金,或轻易改变用途,行小产权开发之实。同时,闲置农房盘活利用必须符合规划自然资源、消防、环保、市场等准入条件,加强对闲置农房盘活利用全过程的监督管理。

附录　闲置农房盘活利用政策文件

● 安徽省 ●

安徽省人民政府办公厅关于支持利用
空闲农房发展乡村旅游的意见

各市、县人民政府,省政府各部门、各直属机构:

为贯彻落实《中共中央　国务院关于深入推进农业供给侧结构性改革加快培育农业农村发展新动能的若干意见》(中发〔2017〕1 号)、《中共安徽省委　安徽省人民政府关于将旅游业培育成为重要支柱产业的意见》(皖发〔2017〕9 号)精神,推进全省空闲农房开发利用,促进乡村旅游发展,增加农民财产性收入,助力美丽乡村建设,经省政府同意,提出以下意见。

一、总体要求

全面贯彻党的十九大精神,以习近平新时代中国特色社会主义思想为指导,认真践行创新、协调、绿色、开放、共享的发展理念,以加快城乡要素双向流动,促进城乡融合发展,促进农民增收为目标,坚持市场主导、多方参与,坚持规范指导、优化服务,坚持先行先试、鼓励创新,坚持保护为先、合理开发,统筹处理农村集体经济组织、农户、投资主体的权益关系,加强空闲农房综合利用,促进乡村旅游提升发展,为推动全省旅游业加快发展,提升五大发展美好安徽建设现代化水平提供有力支撑。

二、主要任务

(一)加强多业态乡村旅游产品开发。深入推进旅游强省"五个一批"建设工程,壮大旅游产业规模,带动乡村旅游加快发展。支持利用空闲农房,兴办农家乐、民宿客栈、乡村酒店、休闲农庄、农村电商服务网点、农事体验中心、乡村康养中心等,配套开发山水人家、采摘篱园、欢乐粮田等形式多样的乡村旅游产品,打造特色乡村旅游目的地和乡村旅游品牌,延伸产业链、消费链、价值链。依托空闲农房,策划储备一批乡村旅游项目,纳入各地招商引资项目库并多渠道开展招商推介。(责任单位:省旅游发展委、省农委、省住房城乡建设厅、省商务厅等,各市、县人民政府)

(二)促进空闲农房多渠道开发利用。鼓励农民利用自有住宅经营乡村旅游或将空闲房屋以入股、出租等方式,长期委托第三方统一经营,获得经营性或财产性收入。鼓励市民、返乡农民工、大学毕业生、退伍军人租赁空闲农房,创办乡村合作社、农民合作社、家庭农场、休闲农业、乡村酒店、创客中心等新型经营主体。支持社会资本与农村集体经济组织或农户合作与联合,发展乡村旅游共同体和农产品、手工艺品生产加工联合体,带动农民增收。鼓励国内外品牌管理公司进驻农村,实施连锁经营。引导乡镇、村利用空闲农房开办文化、体育、旅游、教育、医疗等公共配套服务。(责任单位:省旅游发展委等,各市、县人民政府)

(三)分类推进空闲农房盘活利用。结合房地一体农村宅基地综合发证工作,组织开展全省空闲农房基本情况调查,摸清空闲房屋数量、分布、权属、建筑结构、面积等基本情况,建立基本信息数据库。在充分保护的基础上,规范提升中国传统村落、历史文化名镇名村、特色景观旅游名镇名村的空闲房屋开发质量和水平,加快利用皖南国际文化旅游示范区、环巢湖国家旅游休闲区、大别山区和旅游扶贫重点村空闲房屋,有序推进城市近郊、交通干线或风景道沿线村庄空闲房屋利用,积极支持皖北地区因地制宜改造利用空闲农房发展乡村旅游。(责任单位:省国土资源厅、省住房城乡建设厅、省旅游发展委等,各市、县人民政府)

(四)完善乡村旅游配套基础设施。深入推进美丽乡村建设和农村垃圾、污水、厕所专项整治"三大革命",加快旅游交通标识牌、游客中心、停车场等旅游公共服务设施建设,推进完善水、路、电、气、网、污水处理等基础设施。鼓励和引导民间投资通过PPP、公建民营等方式参与厕所及污水处理、停车场、游客咨询服务中心等乡村基础设施建设和运营。探索通过购买服务等方式由第三方提供乡村旅游垃圾处理、环境整治等公共服务。(责任单位:省旅游发展委、省发展改革委、省住房城乡建设厅等,各市、县人民政府)

(五)加强空闲农房开发利用和管理。制定并推行空闲农房租赁合同示范文本,明确房屋租赁用途、租赁期限、房屋使用要求、维修责任、房屋返还、违约责任和争议解决办法等内容。建立纠纷调处机制,及时处理利用空闲农房发展乡村旅游的矛盾纠纷,充分保护所有者、经营者、游客的合法权益。严格管理空闲农房改(扩)建,严控乱拆乱建行为,确需整体规划改造的,应当符合规划、消防、环保和文物保护等行业管理要求,注重融入文化元素,保持乡风乡貌、保留乡情乡愁。按照属地管理原则,加强乡村旅游安全管理和动态监管。(责任单位:省工商局、省公安厅、省司法厅、省国土资源保障厅、省环保厅、省住房城乡建设厅、省文化厅、省安全监管局、省旅游发展委等,各市、县人民政府)

三、保障措施

(一)加强组织领导。省促进旅游业改革发展领导小组统筹协调全省利用空闲农房发展乡村旅游工作。各地、各有关部门要加强组织领导,建立健全分工负责、优势互补、统一协调的工作机制。各地要将利用空闲农房发展乡村旅游工作与推进脱贫攻坚工作等有机结合起来,形成协同推进的工作格局。(责任单位:省旅游发展委、省扶贫办等,各市、县人民政府)

(二)完善扶持政策。鼓励各地对盘活利用空闲农房发展乡村旅游的农村集体经济组织、农户、投资主体给予奖励,具体办法由各地结合实际制定。将盘活空闲农房发展乡村旅游工作纳入省级旅游发展资金分配因素,采取后补助方式,加大支持力度。对社会资本、高校通过盘活空闲房农房,提供低成本创业场所,按照实际孵化企业户数给予补贴。对毕业 2 年以内的高校毕业生首次利用空闲农房创办乡村旅游小微企业并正常经营 6 个月以上的,给予不少于 5 000 元的一次性创业扶持补贴。对市民"下乡"租赁空闲农房经营乡村旅游的,优先安排新型职业农民培育工程,按规定给予补助,经营者及其职工可在当地按规定参加社会保险,其子女可按规定在当地接受义务教育和学前教育。鼓励金融机构为优良的创新创业主体提供授信服务,符合有关创新创业信贷政策的主体可按规享受有关贴息、担保优惠政策。鼓励政府支持的融资担保和再担保机构,加大对相关投资主体的支持。(责任单位:省旅游发展委、省财政厅、省人力资源社会保障厅、省政府金融办等,各市、县人民政府)

(三)提供便利服务。积极开展利用空闲农房发展乡村旅游的政策咨询、市场信息等公共服务,重点做好返乡下乡人员开展旅游创业创新中的土地流转、项目选择、标准化建设和宣传推广等方面的专业服务。各级政府建立信息管理和发布平台,及时发布农民自愿出租符合条件的农村闲置房源信息。租赁空闲农房作为经营场所的,允许其办理工商登记,并落实国家和省行政事业性收费优惠政策。依据住房城乡建设部等部门《关于印发农家乐(民宿)建设防火导则(试行)的通知》(建村〔2017〕50 号),提供治安消防管理便利服务。(责任单位:省工商局、省物价局、省公安厅、省国土资源厅、省住房城乡建设厅、省旅游发展委等,各市、县人民政府)

(四)加强宣传引导。各地、各有关部门要利用广播、电视、报刊、网络等媒体,采取编制手册、制订明白卡、编发短信微信微博等多种方式,广泛宣传相关政策措施,为盘活利用空闲农房发展乡村旅游营造良好的舆论环境。大力弘扬创业创新精神,及时树立和宣扬利用空闲农房发展乡村旅游的带头人和相关企业,总结可复制可推广的经验做法,充分调动社会各界支持和参与利用空闲农房发展乡村旅游的积极性。(责任单位:各市、县人民政府,省旅游发展委、省农委、省新闻出版广电局等)

安徽省人民政府办公厅

2017 年 11 月 13 日

● 海南省 ●

2017 年海南"共享农庄"创建试点申报方案

为贯彻落实《中共中央　国务院关于深入推进农业供给侧结构性改革加快培育农业农村发展新动能的若干意见》(中发〔2017〕1 号)、《中共海南省委　海南省人民政府关于深入推进农业供给侧结构性改革加快打造热带特色高效农业"王牌"的实施意见》(琼发〔2017〕15 号)、《海南省人民政府关于以发展共享农庄为抓手建设美丽乡村的指导意见》(琼府〔2017〕65 号)(以下简称《指导意见》)精神,省农业厅决定在全省开展2017 年"共享农庄"创建试点工作。特制定本方案。

一、总体要求

贯彻落实中共中央、国务院有关重要文件和省第七次党代会精神,按照《指导意见》要求,依托我省农村自然生态、田园景观、民俗文化和优势特色产业,以满足城乡居民休闲消费需求为导向,以资源管理开发利用为基础,遵循以农为本、规划管控、市场主导、资源共享、试点先行、助力扶贫、绿色理念、彰显文化的原则,选择一批基础条件好、有特色、积极性较高的村庄、农场、农庄、农业生产基地率先试点,探索农业生产生活生态"三生同步"、一二三产业"三产融合"、农业文化旅游"三位一体"的新模式、新业态、新途径,实现村庄美、产业兴、农民富、环境优的目标。

二、目标任务

按照"两年有起色、三年见成效、五年成体系"的总体安排,试点先行,循序渐进,当年先创建,次年再认定,分年度推进。2017 年每个县(市)试点建设 2～3 个、地级市试点建设 3～5 个,探索出一批可持续、可借鉴、可推广的产业特色鲜明、要素高度聚集、设施装备先进、生产方式绿色、经济效益显著、运行管理规范、辐射带动有力的"共享农庄"。

三、申报条件

"共享农庄"是指以农民合作社、农村集体经济组织等为主要载体,以各类资本组成的混合所有制企业为建设运营主体,以信息技术为支撑,以农业和民宿共享为主要特征,集循环农业、创意农业、农事体验、服务功能于一体的农业综合经营新业态。

2017 年"共享农庄"创建试点申报主体重点考虑从事种植业及休闲农业等的生产经营主体、农村集体经济组织。畜牧业类申报"共享农庄"必须通过环境影响评价报告,取得排污许可证。创建试点项目分两大类,一类是现有设施基础条件较好的,拟通过改扩建升级为"共享农庄"的改扩建类项目;一类是资源禀赋条件很好、市场主体理念先进、有实力、市县支持力度大,拟建设"共享农庄"的新建类项目。申报主体应遵循相关法律法规,申报项目应符合省域空间"多规合一"总体规划和辖区经济社会发展等规划,并满足以下基本条件(改扩建类项目要具备,新建类项目策划设计方案、实施方案要具体明确):

（一）区位条件优越，基础设施完善。生态环境友好，农业清洁生产，农业环境问题得到有效治理。资源条件特色鲜明，交通便利，环境优美。通路、通水、通电、通网、通气"五网"相通，能够借助互联网等新技术，建设完善电子商务交易平台；改扩建、新建设完善后，农庄要具有住宿餐饮、休闲娱乐、农事体验、产品展销等基本功能，各种设施的安全与卫生要符合相应的国家标准。

（二）资源特色突出，产业基础较好。农庄主题突出，各具特色。产业布局合理，比较优势明显。主要产品产业规模 500 亩以上（含带动农民产业发展规模），农庄核心生产基地面积不少于 100 亩；年经营收入 100 万元以上（扶贫济困型农庄可适当放宽）。产品质量安全，品牌效益明显。产品通过无公害或绿色、有机、地理标志认证；产品定量检测合格，质量追溯体系健全；产品有商标注册，品牌效益明显高出全省同类产品。农业标准化水平较高，严格执行有关产品生产标准和技术规程，普遍应用标准化和生态化技术。优先考虑资源禀赋条件很好、有一定基础的贫困村、省级及以上现代农业产业园区、农业标准化产业园或示范基地、休闲农业示范点、休闲观光果园、乡村旅游示范点、中国美丽休闲农庄、国家现代农业庄园等。

（三）休闲设施配套，产业有机融合。休闲农业资源区位优势，能与全域旅游、百镇千村、扶贫攻坚相结合。休闲园区以农业产业和设施为主，规模不少于 50 亩，休闲业态功能丰富，休闲设施符合农业行业标准《休闲农庄建设规范》（NY/T 2366—2013），园区整体环境、功能分区、活动项目、餐饮、住宿、道路、景观、卫生等配套服务设施完善。

（四）经营主体明确，管理服务规范。

1. 企业：三产融合基础好，带动作用突出；财务状况良好，资产负债率不大于60%；上两年连续盈余，有带动农户、合作入股清单和记录等。公益性企业条件适当放宽。

2. 农民合作社：三产融合基础好，带动作用突出；财务状况良好，上两年有盈余，有社员入股清单和盈余分配记录等。

3. 农村集体经济组织：整合盘活农村集体资产，通过土地流转或股份合作方式，建立股份合作经济，让集体经济成员获得稳定的收益。

（五）农户积极参与，农民多方受益。经营主体组织引导农民参与建设管理，保障原住农民的参与权和受益权。与原居地农民建立稳定的利益联结机制，实现农民转变成为股民、农房转变成为客房、农产品现货转变成为期货、消费者转变成为投资者。

（六）融资机制明确，发展潜力巨大。申报主体自筹能力强，投融资机制灵活，可通过股权、借贷、众筹、成立或引入产业基金等方式融资建设农庄。同时引入先进要素和社会资本。市县政府支持力度大，综合运用先建后补、贴息、以奖代补、股权投资等方式，撬动金融和社会资本投向"共享农庄"创建。农庄建设辐射带动明显，发展潜力巨大。

（七）"庄主"理念先进，运营模式创新。农庄建设发起人及其核心团队的愿景、使命、价值，具备引领性作用，能提出清晰的产业发展逻辑，有可持续发展的"共享农庄"商业运营模式，有实现其商业运营模式的商业策略，能运用先进的理念、商业手段创建

"共享农庄"。

四、未受理条件

（一）未突出以农为本，农庄布局和业态发展上与农业未能有机融合，以非农业产业为主导产业；

（二）不能带动农民就业增收；

（三）不符合产业发展政策；

（四）资源环境承载能力较差，生活生产垃圾、农业面源污染等不能无害有效处理；

（五）违反国家土地管理使用相关法律法规，违规进行房地产开发或私人庄园会所建设；

（六）存在大拆大建、盲目铺摊子等情况。

五、创建程序

市县申报数量不搞区域平衡、自下而上进行。省农垦投资控股集团有限公司、省供销集团有限公司、省扶贫开发投资有限责任公司等农业企业按项目建设地点向辖区市县农业（休闲农业）主管部门申报。

（一）业主申请。按照自愿申报原则，符合条件的申报主体按建设项目类别，委托丙级以上具有农业生产、农业景观、建筑设计等资格资质设计单位编制项目策划设计方案和实施方案，向辖区市县农业（休闲农业）主管部门申请，并按要求填写《海南"共享农庄"创建试点申报书》（申报书在海南农业信息网"行政通知"栏下载）一式4份，并附相关证明材料。

（二）市县初审。辖区市县农业（休闲农业）主管部门联合农办、农综、国土、环保、住建、旅游等部门，对申报主体项目现场实地考察，在此基础上进行初审，填写评分表（新建类不要求），符合条件的签署意见，按确定最优项目排序向省农业厅推荐，原则上不超过上限数额。辖区市县农业（休闲农业）主管部门对本市县申报主体所报送的材料的真实性、可靠性负责，严禁弄虚作假。弄虚作假的申报主体，一经查实，3年内不能再申报。

（三）评审认定。省农业厅对申报材料进行审核，通过审核的，再组织省推进领导小组有关成员单位及专家现场考核评审打分，提出评审意见，并根据综合考评分数进行排序。考评结果征求省"共享农庄"推进领导小组有关成员单位意见后，在海南农业信息网和海南省人民政府政务服务中心网上公示7个工作日。公示无异议的，由省农业厅发文公布创建试点名单。按照"当年先创建、次年再认定"要求，申报主体组织开展"共享农庄"创建工作。创建满一年后，申报主体向市县农业（休闲农业）主管部门申请验收，市县农业主管部门将申请验收报告报送省农业厅。由省农业厅会同省推进领导小组有关成员单位组织验收，验收合格的正式认定为海南"共享农庄"，准许使用海南"共享农庄"标志。

六、扶持政策

被认定为海南"共享农庄"的项目，按《指导意见》规定的相关政策给予支持。

七、有关要求

（一）加强组织领导。各市县要把"共享农庄"试点创建，作为推进农业供给侧结构性改革，促进产业融合发展，增加农民收入，发展农村集体经济的有效举措来抓。要成立推进领导小组，具体负责"共享农庄"建设的统筹规划、组织协调、督查督办。要精心组织安排，创新遴选机制，注重遴选过程，按照标准从优筛选，宁缺毋滥，从严控制申报数量。

（二）科学编制规划方案。各市县要科学编制本市县试点"共享农庄"发展规划，指导申报主体、设计单位编写策划设计方案和实施方案。农庄创建实施方案要明确项目建设与经营主体、目标任务、区域功能布局、重点建设内容、运营模式、投资估算与资金筹措方案、政策保障措施等内容。市县编制的"共享农庄"发展规划要报省"共享农庄"推进领导小组成员单位备案。要严格审核把关，对申报项目现场实地勘验，确保申报材料真实可靠，提高申报项目质量。创建试点资格批复后，非因不可抗拒因素，申报主体不得擅自变更建设地点、规模、内容等。

（三）实行动态管理。省农业厅将制定《海南"共享农庄"评选认定管理办法》，细化目标责任，规范认定程序，建立评审、授牌、奖励和动态监管机制，不断提高建设水平。实行"动态管理、定期监测、优进劣汰、能进能退"机制，每两年监测评价一次。对于试点创建作用不明显，工作推进缓慢，没有实际成效的"共享农庄"责令整改，整改验收不合格者，取消其创建试点资格。对违反国家法律法规，侵害消费者权益，危害农民利益，发生安全生产、农产品及食品质量安全事件的，取消其资格。同时在下批次组织申报创建试点时，相应减少该市县名额。

（四）材料报送及要求。市县推荐文件和申报材料一式 3 份（附电子文档光盘）（共 4 份，市县农业部门留存 1 份）于 9 月 30 日前报省农业厅。由省农业厅行政审批办统一受理。在实施过程中有关具体工作及要求，另行通知。申报评审认定接受社会监督。

（联系方式及附件略）

海南省人民政府关于以发展共享农庄为抓手建设美丽乡村的指导意见

（琼府〔2017〕65号）

各市、县、自治县人民政府，省政府直属各单位：

为全面贯彻落实《中共中央 国务院关于深入推进农业供给侧结构性改革加快培育农业农村发展新动能的若干意见》（中发〔2017〕1号）、《中央农办2017年"三重"工作方案》（中农办发电〔2017〕84号）、《国务院办公厅关于推进农村一二三产业融合发展的指导意见》（国办发〔2015〕93号）、《财政部关于开展田园综合体建设试点工作的通知》（财办〔2017〕29号）、《国家旅游局 农业部关于组织开展国家现代农业庄园创建工作的通知》（旅发〔2016〕157号）和省第七次党代会精神，按照省委、省政府关于百镇千村建设、全域旅游、脱贫攻坚、打造热带特色高效农业"王牌"等决策部署，抢抓国家开展"田园综合体"建设试点工作的机遇，现就以发展"共享农庄"为抓手建设美丽乡村提出如下意见。

一、总体思路

（一）指导思想。

认真贯彻党中央、国务院决策部署，深入推进农业供给侧结构性改革，大力发展农业分享经济，支持有条件的村庄、农场、基地加强基础设施、产业支撑、公共服务、环境风貌建设，实现农村生产生活生态"三生同步"、一二三产业"三产融合"、农业文化旅游"三位一体"，积极探索推进农村经济社会全面发展的新模式、新业态、新路径，发展以农民合作社、农村集体经济组织等充分涵盖农民利益的经济组织形式为主要载体，以各类资本组成的混合所有制企业为建设运营主体，让农民充分参与和受益，集循环农业、创意农业、农事体验于一体，以移动互联网、物联网等信息技术为支撑，以农业和民宿共享为主要特征的"共享农庄"。通过发展"共享农庄"，使农民转变成为股民、农房转变成为客房、农产品现货转变成为期货、消费者转变成为投资者，实现农民增收、农业增效、农村增美。

（二）建设原则。

1. 坚持以农为本。坚持农地农用，突出农业特色，发展现代农业，促进产业融合，挖掘农业多元属性，拓宽非农功能，实现"农旅文"深度融合，以农促旅、以旅强农、以文创促销售树品牌。保持农村田园风光，留住乡愁，保护好青山绿水，实现生态可持续。着力构建企业、合作社和农民利益联结机制，带动农户参与建设经营农庄，获得地租、劳务、入股分红、品牌溢价等多种收入。

2. 坚持规划管控。在符合省域空间"多规合一"和不突破生态保护红线、基本农田保护红线的前提下，编制市县、乡镇农庄建设发展规划和建设实施方案。将农庄建设纳入村庄建设规划内容，逢建必报，强化农庄民宿（客栈）建设的体量、高度和风貌管控，民宿（客栈）不能超过三层，充分体现海南地域特色。严禁以农庄建设为名违法违规开发房地产或建私人庄园会所。

3.坚持市场主导。按照政府引导、企业参与、市场化运作的要求,创新发展模式、管理方式和服务手段,全面激活市场、激活要素、激活主体,调动多元化主体共同发展"共享农庄"的积极性。政府重点做好顶层设计、提供公共服务等工作,防止大包大揽。

4.坚持资源共享。把农庄建设与全域旅游、百镇千村建设以及休闲农业示范点、乡村旅游示范点、现代农业示范基地建设相结合,统筹推进。积极盘活农村集体资产,发展多种形式的股份合作。将农庄整体经营与个体经营相结合,实现资源互补共享。

5.坚持试点先行。根据市场需求,选择一批基础条件好、有特色、积极性高的村庄、农场、农业基地先行试点,探索可持续、可借鉴、可推广的经验,做到因地制宜、循序渐进,防止一哄而起。

6.坚持助力脱贫。把发展"共享农庄"和脱贫攻坚紧密结合起来,优先在自然环境良好的贫困村特别是少数民族贫困村发展"共享农庄",形成贫困户与经营主体利益共同体,通过土地入股、出租、在农庄务工等方式增加贫困户收入。探索运用"共享农庄"理念开展生态移民扶贫。

7.坚持绿色理念。树立尊重自然、顺应自然的理念,保护乡村好风光,美化山水林田湖,打造田园绿色美,防止农村变成城市的缩小版。

8.坚持彰显文化。精心创意设计,提升品位格调,多种形式挖掘利用展示海南村落文化、特色民居、红色文化、黎苗文化、农耕文化等,体现海南地域风情人文之美,打造"当代精品、后世文物"。

二、建设内容

(一)建设各具特色的"共享农庄"。针对不同类型的目标消费群体,突出特色,因地制宜建设"共享农庄"。

产品订制型。以个人订制和团购订制等形式,为消费者提供海南热带特色农产品认养、直供等订制服务。对消费者认养的农作物建立档案,佩戴标识,严格按照约定标准进行生产,并确保消费者可现场或以视频等方式实时查看生长情况。产品成熟后,按照消费者的要求进行个性化包装、处置,既可以配送到指定地点,也可以进行代销,将销售收入返还消费者。鼓励省外大型农产品批发市场、菜篮子集团、酒店、企业、学校等机构在我省市县直接投资"共享农庄",建立海南产地与内地消费者之间稳定的直销关系,推动解决海南农产品价格波动大、滞销等问题。

休闲养生型。鼓励农村集体组织和农民以出租、合作等方式盘活利用空闲农房和宅基地,发展特色民宿客栈,吸引消费者特别是"候鸟"前往农庄休闲养生度假,为美丽乡村提供产业支撑,使农庄和美丽乡村成为既有"面子",又有"里子"的田园综合体。打造"民宿+农地"休闲养生产品,将农庄农地按一定面积或农作物按一定数量分块,把经营权租赁给"候鸟"人群、城市居民,用于农业生产或农事体验。

投资回报型。消费者及投资主体通过众筹等方式募集资金用于发展"共享农庄",农庄为消费者及投资者提供农资供应、技术指导、托管代种代养、产品销售等配套服务,消费者及投资者按约定获得实物或投资收益回报。

扶贫济困型。引导消费者及投资主体与贫困村或贫困户直接对接,消费者认养贫困户的农作物或者承租贫困户的农地、农房,贫困户通过出租土地、房产或以土地、房产入股获得财产性收入以及通过打理农庄获得务工收入,打造贫困户和消费者利益共同体,实现贫困户持续稳定增收。

文化创意型。立足特色资源,树立文创理念,吸引各类艺术家、创客利用品牌设计、故事挖掘、艺术再造、农业科普等文创艺术方式,打造集人文要素、生态要素、科技要素、创意要素于一体的特色农庄。

(二)加强"共享农庄"基础设施建设。改善农业生产条件,支持农庄高标准农田建设,健全农田水利设施(责任单位:省发展改革委、省水务厅、省国土资源厅、省财政厅)。建设水肥一体化、沼气、田间废弃物回收等设施,确保农庄达到生态循环农业发展要求(责任单位:省农业厅)。完善农庄通信网络基础设施,推进光纤进行政村,并向农庄延伸(责任单位:省工业和信息化厅、中国联通海南分公司、中国电信海南分公司、中国移动海南有限公司)。完善物流体系建设,加强农产品冷链物流网络建设(责任单位:省商务厅、省国土资源厅)。推进快递下乡工程(责任单位:省邮政管理局)。提升旅游功能,完善农庄及周边的道路、景观、旅游厕所、生态停车场、污水处理、标识标牌等设施,实现农庄景区化。加强农庄规划设计和农房建设的风貌管控,保护自然山水格局。(责任单位:省旅游委、省交通运输厅、省规划委、省住房城乡建设厅、省工商局)

(三)打造标准化"共享农庄"品牌。建立健全由基础通用标准、技术标准、管理标准、服务标准等类别标准组成的"共享农庄"标准体系,并进行认证。特别要按照产品生产标准和技术规程,实行标准化生产,为消费者提供绿色、优质、安全的农产品。支持农庄建立农业物联网系统和可视化监控系统,实行全程可视化生产,实时监测农产品生长情况,对产品实行标识和编号管理,确保质量可追溯。加强"三品一标"农产品的认证与监管,强化农庄的农产品质量安全监管,实行所有上市农产品定量检测,确保质量安全。(责任单位:省农业厅、省工业和信息化厅、省食品药品监管局、省质监局、中国联通海南分公司、中国电信海南分公司、中国移动海南有限公司)

(四)开展"共享农庄"专项营销。设计全省统一的"共享农庄"品牌形象,提高辨识度,增强社会认知。公开遴选专业营销公司,开展推介,打造国际旅游岛"共享农庄"品牌。开展线上、线下推广活动,利用门户网站、微信公众号等自媒体以及电视、报刊开展线上宣传,与知名电商平台合作推广,吸引广大消费者(经营主体)参与项目。全省各级政府要把"共享农庄"作为招商推介的重点大力营销推介,扩大"共享农庄"品牌知名度和影响力。旅游、农业部门要把"共享农庄"作为海南旅游的亮点和重点在国内外大力宣传推广。(责任单位:省农业厅、省财政厅、省旅游委、省商务厅、省农垦投资控股集团有限公司,各市县政府)

(五)搭建"共享农庄"网络平台。依托天涯社区建立统一的省级网络服务平台。经认证的"共享农庄",可进入省级平台,共用"共享农庄"品牌,参与省级平台组织的集中宣传营销活动,并在平台上发布产品。平台自觉接受政府监管,及时清理下线不合格产品和损害消费者利益的农庄。(责任单位:天涯社区网络科技股份有限公司、省农业厅;配合单位:省工业和信息化厅、省工商局)

三、开发建设模式

(一)整村综合开发模式。由企业或农民合作社对整村进行统一规划、统一建设,利用村庄整治、宅基地整理等节约的建设用地和"四荒地"、厂矿废弃地、砖瓦窑废弃地、道路改线废弃地、闲置校舍、村庄空闲地等建设民宿和其他相应设施,民宿可以出租,民宿的全部或部分经营权、股权可以转让;将整村农用地进行统一规模化生产经营,消费者可以租赁农用地经营权或认养农作物,企业或农民合作社为消费者提供系列服务。

(二)村庄农房改造升级开发模式。由企业或农民合作社将村庄现有房屋进行改造升级,其房屋可以出租。将村庄部分农用地进行统一生产经营,消费者可以租赁农用地经营权或认养农作物,企业或农民合作社为消费者提供系列服务。

(三)基地开发模式。企业或农民合作社利用农业基地内农业附属设施用地等建设管理用房,或利用基地已有的建设用地建设民宿,民宿可以出租,民宿的全部或部分经营权、股权可以转让。消费者可以租赁农用地经营权或认养农作物,企业或农民合作社为消费者提供系列服务。

四、运营机制

妥善处理好政府、企业和农民三者关系,确定合理的建设运营管理模式,形成健康发展的合力。政府重点负责政策引导和规划引领,营造有利于"共享农庄"发展的外部环境;企业、村集体组织、农民合作社及其他市场主体要充分发挥在产业发展和实体运营中的作用;农民通过合作化、组织化等方式,实现在"共享农庄"发展中的收益分配、就近就业。

(一)以企业为主体。按照"企业 + 农民"或"企业 + 农民合作社 + 农民"的模式,由企业以股份合作、租赁等方式,整合农民的土地、房屋等资源,或利用企业自身土地、房屋资源,进行"共享农庄"的开发建设经营。

(二)以农民合作社为主体。按照"农民合作社 + 农民"的模式,由农民合作社以股份合作、租赁等方式,整合农民的土地、房屋等资源,进行"共享农庄"的开发建设经营。

(三)以农村集体经济组织为主体。把发展"共享农庄"作为探索发展集体经济的一个重要途径。发展多种形式的股份合作,组织村集体成员参与"共享农庄"建设,增强和壮大集体经济发展活力和实力,让农民通过参与"共享农庄"建设分享集体经济发展和农村改革成果。

五、融资模式

(一)股权融资。利用多层次资本市场融资建设农庄。各类投资主体通过出让部分所有权,引进新的股东,实现增资。

(二)借贷融资。各类投资主体以信用贷款、抵押贷款和担保贷款为主要方式进行债权融资。对农庄重点项目,政府给予贷款贴息,资信良好的企业或农民合作社可以发行企业债。

(三)众筹等创新融资。各类投资主体可采取农产品众筹、民宿建设众筹、农产品预售等创新融资模式。以众筹的方式让消费者直接参与到农庄的建设中来,解决农庄建设的资金问题。

(四)产业基金。由政府、企业、投资机构共同发起设立农庄投资基金,参与农庄投资建设。基金由专业投资机构负责资金募集和投资管理。(责任单位:省政府金融办、省财政厅、省农业厅、省扶贫开发投资公司)

六、农民共建共享机制

(一)租赁合作参与共享机制。企业或农民合作社从农民手中租用土地、房屋等,采取实物计租货币结算、租金动态调整等计价方式,兑现农民土地、房屋租金收入。

(二)股份合作参与共享机制。农民以土地经营权、房屋使用权等入股给企业或者农民合作社,由企业或农民合作社将土地、房屋等进行统一规划建设运营,利益分配采取"保底收益＋按股分红"方式,农民获得土地和房屋股份收益。针对有土地、无资金、无技术的贫困户,积极动员他们把闲置、撂荒土地入股加入企业或农民合作社,领取分红。通过构建股份合作、财政资金股权量化等模式,创新农民利益共享机制,让农民分享产业增值收益。

(三)生产合作参与共享机制。企业以统一技术、统一标准、统一管理、统一订制的方式,将农民自有分散的土地,组织纳入到"共享农庄"生产合作,农民按保底价获取收益,企业或农民合作社获取营销差价、管理服务等方面的收益。

(四)劳务承包或务工参与共享机制。农民承包农庄的生产管理和其他订制服务,完成任务后,获取相应的劳务承包收入,超额完成的享受额外的分成收益。农民在农庄务工,获取工资性收入。

七、扶持政策

(一)完善财政支持政策。积极创新财政投入使用方式,探索推广政府和社会资本合作,采取先建后补、贷款贴息、贷款担保、担保补贴、以奖代补、股权投资、政府投资基金等方式支持发展"共享农庄",将发展"共享农庄"作为财政支出的优先保障领域。由市县政府按照主管部门不变、资金用途不变、使用渠道不变的原则,加强对省级农业、农业综合开发、林业、海洋、旅游、住建、水利、科技、商务、质监、扶贫等有关部门资金安排的统筹协调和资金整合,增加对农庄发展的投入。通过农业综合开发、农村综合改革转移支付、国家专项建设基金等渠道支持发展"共享农庄"试点建设。将发展"共享农庄"纳入我省经济社会发展、美丽海南百镇千村建设等规划统筹,争取国家农村产业融合专项建设资金、其他相关专项中央投资及政策支持。(责任单位:省财政厅、省发展改革委、省农业厅、省住房城乡建设厅、省林业厅、省海洋与渔业厅、省水务

厅、省科技厅、省商务厅、省质监局、省扶贫办、省农信社联社、海南银行,各市县政府)

（二）创新金融保险政策。积极拓宽农庄基础设施投融资渠道,支持社会资本参与建设;引导金融机构对发展"共享农庄"提供信贷等多元化产品支持。充分调动和发挥农信社贴近"三农"和农村金融服务经验丰富等优势,围绕"共享农庄",设计相应金融产品和服务,提供农庄建设融资、配套设施建设融资、供应链融资、支付结算等服务。发挥本土银行客户资源丰富优势,引导存量客户参与发展"共享农庄"。结合农村产权制度改革工作,推进以林权和土地承包经营权、农民住房财产权等"三权三证"抵押融资试点工作,鼓励农民以土地、林木入股等方式参与建设,积极探索农庄融资体系建设。拓宽抵(质)押物范围。积极开展存货抵押、订单抵押、涉农直补资金担保、大棚抵押、应收账款质押、畜禽产品抵押、小型水利工程使用权抵押等创新业务,向资信情况良好的农庄积极发放信用贷款。支持具备条件的农庄运营主体通过上市融资、债券融资、股权基金融资等方式,利用资本市场直接融资。支持保险公司针对农庄经营面临的自然灾害风险、经营风险和市场风险,整合农业保险、责任保险、保证保险和意外保险等各类保险产品,采取保费补贴或以奖代补方式鼓励保险公司为发展"共享农庄"和可持续营运提供多方面的保险保障。(责任单位:省政府金融办、省财政厅、人行海口中心支行、银监会海南监管局、证监会海南监管局、保监会海南监管局、省农信社联社、海南银行)

（三）落实用地政策。对农庄中发展设施农业的,其生产设施、附属设施、配套设施用地直接用于或者服务于农业生产,依法按农用地管理,不需办理农用地转用审批手续。"共享农庄"项目中,属于自然景观用地及农牧渔业种植、养殖用地的,不征收(收回)、不转用,按现用途管理。积极支持农产品冷链、初加工、休闲采摘、仓储等设施建设。在控制农村建设用地总量、不占用永久基本农田前提下,加大盘活农村存量建设用地力度。在符合市县总体规划和村庄建设用地范围内,允许通过村庄整治、宅基地整理等节约的建设用地采取入股、联营、整合、置换等方式,重点支持发展"共享农庄"和乡村休闲旅游养老等产业及农村三产融合发展。在不改变农村集体土地所有权和农民宅基地使用权、逢建必报的前提下,允许农村居民与城镇居民合作建房、租赁合作经营房产,共享收益。支持有条件的市县、农垦农场通过盘活农村及农场闲置房屋、集体建设用地、开展城乡建设用地增减挂钩试点、"四荒地"和厂矿废弃地、砖瓦窑废弃地、道路改线废弃地、闲置校舍、村庄空闲地、可用林场和水面、边远海岛等资产资源发展"共享农庄"。农庄建设涉及征占用林地的,项目经批准后,应优先保障林地征占用定额指标,并按照规定办理林地征占用手续。在合理的农庄土地利用控制下可适当建设住宿、餐饮等设施,延长消费者在农庄内停留的时间,增强农庄的休闲度假功能。完善新增建设用地保障机制,将年度新增建设用地计划指标确定一定比例用于支持农村新产业新业态发展,重点支持发展"共享农庄"。(责任单位:省国土资源厅、省农业厅、省林业厅、省农垦投资控股集团有限公司,各市县政府)鼓励文昌市利用"农村集体经营性建设用地入市试点"的政策发展"共享农庄",取得经验后适当在全省推广。(责任单位:省国土资源厅,文昌市政府)推进农村土地集体所有权、农户承包权、土地经营权"三权分置"。(责任单位:各市县政府,省农业厅)出台规范我省农村土地流转的政策性文件,积极盘活撂荒土地。(责任单位:省农业厅)

(四)支持相关农业企业发展"共享农庄"。省农垦投资控股集团有限公司、省供销集团有限公司、省扶贫开发投资公司等农业企业要制定专项实施方案,积极发展"共享农庄",各市县政府、各部门要给予大力支持。省农垦投资控股集团有限公司和各市县政府要建立垦地联合建设农庄的机制,统筹利用资源,形成政府支持基础设施及公共服务设施建设、省农垦投资控股集团有限公司主导产业项目投资的建设模式。省扶贫开发投资公司要充分运用公司投融资平台作用,通过项目实施主体直接投资、股权投资等模式,吸引和撬动社会资本、金融资本支持我省贫困地区发展"共享农庄"。(责任单位:省农垦投资控股集团有限公司、省供销社、省扶贫开发投资公司,各市县政府)

(五)鼓励市民下乡参与建设"共享农庄"。鼓励能人回乡、企业家下乡、知识分子下乡、市民下乡以租赁、合作方式利用农村空闲农房创业创意、休闲养老养生、乡村办公,发展"共享农庄"。对以租赁合作方式利用空闲农房建设"共享农庄"配套民宿设施、组建乡村休闲游合作社发展休闲农业、开展休闲养老、创业创新、开展农村电子商务、带动贫困户脱贫的,由市县政府按照一定标准给予奖补,其用水用电价格,给予当地农村居民同等价格。对发展"共享农庄"中的基础设施和公共服务设施项目给予奖补。对市民下乡租赁空闲农房创业创新的,优先安排开展新型职业农民培育工程,给予农业科技示范户待遇,享受贷款贴息。鼓励市民下乡租赁空闲农房兴建老年人互助照料中心,经验收达标后,给予一次性建设补贴。(责任单位:省财政厅、省国土资源厅、省住房城乡建设厅、省农业厅、省科技厅、省工业和信息化厅、省旅游委,各市县政府)

八、工作要求

(一)加强组织领导。省级层面成立推进领导小组,下设办公室,负责发展"共享农庄"的统筹协调、督查督办。各市县政府要比照省设立相应领导小组,按照本意见精神尽快出台具体实施方案,制定扶持政策,鼓励引导龙头企业、农民合作社、农户等参与。省直相关部门要按照本意见精神出台具体政策、措施。(责任单位:省直相关部门,各市县政府)

(二)积极开展试点。围绕有基础、有优势、有特色、有规模、有潜力的村庄、农场和基地开展试点。按照农田田园化、产业融合化、城乡一体化的发展路径,以自然村落、特色片区为开发单元,统筹开发,全面完善基础设施。各市县政府、省农垦投资控股集团有限公司、省供销集团有限公司以及农业龙头企业、农民合作社等要以现有具备条件的村庄、农场、基地为依托,积极申报建设试点农庄。各市县政府要科学编制规划和年度实施方案,严格试点项目管理,加强资金监管和考核评价,不断完善试点政策。(责任单位:省农业厅、省财政厅;配合单位:省国土资源厅、省住房城乡建设厅、省农垦投资控股集团有限公司,各市县政府)

　　（三）实行动态管理。制定"共享农庄"评选办法，建立评级、授牌、奖励和动态监管机制，不断提高建设水平。每年评选"超爽农庄"，在基础设施建设、宣传推介等方面给予重点支持。对违反国家法律法规、侵害消费者权益、危害农民利益、发生农产品质量安全事故的，及时取消称号。（责任单位：省农业厅、省工商局、省食品药品监管局）

　　（四）组建"海南共享农庄联盟"。组建农庄联盟，对各市县发展"共享农庄"情况进行跟踪、指导，加强行业自我管理和市场自律。编印出版海南"共享农庄"年度发展报告及宣传推广黄页，塑造农庄文化，管理"共享农庄"品牌。（责任单位：省农业厅、省民政厅、省质监局、省工商局）

海南省人民政府

2017 年 7 月 25 日

● 浙江省 ●

云和县人民政府办公室关于印发云和县空闲农房
征收再利用试点方案的通知
（云政办发〔2016〕98 号）

各乡（镇）人民政府、街道办事处，县政府直属各单位：

《云和县空闲农房征收再利用试点方案》已经县第十五届人民政府第 57 次常务会议审议通过，现印发给你们，请认真贯彻执行。

云和县人民政府办公室
2016 年 8 月 26 日

云和县空闲农房征收再利用试点方案

为深化开展"空闲农房二次创业"，根据上级扶贫改革试验工作有关要求和《中共云和县委云和县人民政府关于全面推进扶贫改革试验工作的实施意见》（云委发〔2013〕28 号）等有关精神，结合我县实际，特制定本试点方案。

一、总体要求

以邓小平理论、"三个代表"重要思想、科学发展观为指导，深入贯彻习近平总书记系列重要讲话精神，全面落实党的十八大和十八届四中、五中全会精神，进一步完善、深化扶贫改革试验工作，按照"范围明确、运行封闭、程序严格、监管有力、结果可控"的要求，开展"空闲农房二次创业"，稳妥推进空闲农房征收再利用，有效促进土地节约集约利用，增加农民财产性收入，加快发展农家乐民宿经济，助推城乡协调、整体、全面发展。

二、基本原则

1. 立足规划先行。依据土地利用总体规划和城乡建设规划等相关规划，立足县情实际，科学制定实施计划，编制利用建设规划，确保空闲农房征收再利用工作稳妥、有序推进。

2. 尊重群众意愿。坚持以人为本，深入调查研究，认真听取基层干部、群众意见和建议，依法保护村集体和农户的合法权益。

3. 健全工作机制。按照"政府引导、部门协同、社会参与、群众自愿"的工作要求，加强统筹，形成合力。在具体实施过程中充分体现公开、公平、公正原则。

4. 坚持规范运作。充分考虑历史事实和相关政策的延续性，严格落实实施条件和程序。不得擅自扩大实施范围，严禁违规操作。

三、试点范围

县城规划区范围（102 平方公里）之外，根据土地利用规划、城乡规划和主体功能区规划等相关规划要求,经县政府批准列入实施空闲农房征收再利用的区块。本次试点选择基础条件好、村两委和群众参与积极性高的项目先行先试,在取得试点经验基础上,充分考虑各方面因素,条件成熟再逐步推广。

四、相关政策

1.对产权明晰、具有农家乐民宿开发价值、经有资质单位安全鉴定的农村集体土地上的空闲农房,政府可采取协议征收货币补偿安置方式,实施土地和房屋征收后,按照现行法律政策进行公开处置。竞得人可依法办理不动产权证。被征收农户不得以空闲农房被征收后无房为理由,再申请农村集体宅基地建房。

2.项目开发中确需利用原房屋相邻的建设用地,符合土地利用总体规划和城乡规划的,可一并纳入土地利用年度计划,办理土地征收和公开处置手续,进行集中开发,用于农家乐民宿发展所需要的厨房、卫生间等临时配套设施建设。临时配套基础设施建设占地控制在原房屋建筑占地面积的 30% 以内,层次限定为一层,层高不得超过3 米。

3.因项目建设需要,项目红线外涉及使用非永久性基础设施用地,在不改变原土地性质的前提下,可通过流转等方式依法取得土地使用权。

4.土地和房屋经评估及安全鉴定后,按照不低于征收成本价进行公开处置。

5.项目用地红线范围外的"五通一平"等可利用村原有配套基础设施;排污、隔油池等基础设施在红线范围内由竞得人负责建设,并按要求自行接入村污水处理设施达标排放。整个项目实施免收基础设施配套费。

五、实施程序

1.确定实施主体。村级组织和相关户主对开展空闲农房征收再利用工作意见统一,报乡镇(街道)审核后,由乡镇(街道)作为项目实施主体提出申请,报县政府同意。

2.列入征收计划。征收办根据县政府意见,将项目涉及土地和房屋纳入年度征收计划。征收资金由县政府统筹安排。

3.落实报批征收。征收报批工作由国土部门负责落实,土地和房屋征收工作由项目所在乡镇(街道)负责落实。

4.组织公开处置。已征收为国有的土地和房屋,一并由项目所在乡镇(街道)新农村公司组织公开处置。受让对象须经项目所在乡镇(街道)进行前置审查。

六、其他规定

1.竞得人只能将竞得土地和房屋用于农家乐民宿开发经营,不得改变为其他用途。

2.竞得人在不破坏村庄整体风貌、不影响房屋结构安全、不改变房屋主体结构(外墙、屋顶、承重)的前提下,经住建部门审核备案后,可对竞得房屋进行修缮,但不得超出房屋原有的占地面积与高度,不得改变原屋顶形式(局部可设露台)。涉及历史文化保护村落的,必须严格按照相关规定报批。

3.竞得人不得将整体项目的土地和房屋分割出售。

关于印发云和县加快推进民宿型农家乐休闲
旅游业发展相关扶持政策（试行）的通知
（云政办发〔2014〕65号）

各乡（镇）人民政府、街道办事处，县政府直属各单位：

《云和县加快推进民宿型农家乐休闲旅游业发展相关扶持政策（试行）》已经县政府同意，现予印发，请认真贯彻执行。

云和县人民政府办公室

2014年5月12日

云和县加快推进民宿型农家乐休闲旅游业发展相关扶持政策（试行）

第一章　总则

第一条　为加快我县民宿型农家乐休闲旅游业发展，进一步规范农家乐民宿经营行为，提升管理和服务水平，促进农民增收致富，特制定本扶持政策。

第二章　扶持范围

第二条　本扶持政策所称的农家乐民宿是指经营者利用农村房屋和院落，结合本土文化、自然景观、生态环境资源及农林渔牧生产活动，以旅游经营方式，为游客体验乡村生活提供餐饮住宿的接待场所。

第三条　以《浙江省农家乐经营户（点）旅游服务质量星级评定办法》和《云和县农家乐民宿经营基本要求》（详见附件1）作为评定农家乐民宿的基本依据。

第四条　农家乐民宿扶持资金从山区经济发展专项资金中列支。

第五条　农家乐民宿的经营业主作为农家乐民宿扶持资金的申报主体。

第六条　本扶持政策适用对象为2014年新增的农家乐民宿或新增的农家乐民宿床位。原有的农家乐民宿不能通过经营业主变更等途径申报补助资金，但可通过提档升级和新增床位，申请相应补助。

第三章　扶持方式

第七条　鼓励新开办和提档升级农家乐民宿。对经认定符合条件的农家乐民宿，分别给予相应床位补助：

（一）拥有"四有"（有电视、有热水、有空调、有独立卫生间）的一类标准农家乐民宿床位，单人房补助3 500元/张床位，双人房补助2 000元/张床位；

（二）拥有"二有"（有电视、有空调）、公共卫生间和热水供应的二类标准农家乐民宿床位，单人房补助1 500元/张床位，双人房补助1 000元/张床位，多人房补助600元/张床位；

（三）具备基本住宿条件的三类标准农家乐民宿床位，补助500元/张床位；

（四）原有农家乐民宿床位经过改造达到一类标准农家乐民宿床位要求的，床位补助资金按新增一类标准农家乐民宿床位补助标准的60%计算。

申请补助的农家乐民宿经营条件达到《云和县农家乐民宿经营基本要求》的,床位补助资金按总额的100%计算;基本达标的,床位补助资金按总额的80%计算。

第八条　鼓励农家乐民宿进行庭院建设和改造。开展"最美农家乐民宿"评比活动,对符合生态理念,彰显乡土特色的农家乐民宿,根据评选结果分别给予1万元、5 000元和2 000元补助。

第九条　鼓励发展农家乐民宿集中村。对新发展农家乐民宿经营农户6户以上、床位在60张以上,建立村级服务组织、设有游客接待中心和其他必要的旅游配套设施(如统一标志、统一宣传手册等)且做好工作调处、客源分流的村,视情给予3万~5万元的补助,用于相关配套设施建设。

第十条　鼓励组团到农家乐民宿集中村(点)休闲旅游。对单次组团10人以上、年组织游客3 000人次以上到农家乐民宿集中村(点)住宿休闲旅游的机构和个人进行奖励。经当地农家乐自律和服务组织或村委会组织确认,所在乡镇(街道)审核,县农旅办审定,达到3 000人的奖励3万元,每增加100人奖励资金增加1 000元,但奖励总额不突破5万元。

第四章　申报条件

第十一条　申报扶持资金的农家乐民宿应具备以下基本条件:

(一)符合城乡发展规划、土地利用总体规划等控制性规划。

(二)须具备工商执照、卫生许可证等相关的有效证件,且在本扶持政策发布之日起至结束期间经营的。

(三)在确保建筑物安全前提下,进行民居合理设计和改造,达到建筑风格本土化或独具风格的。

(四)农家乐民宿具备基本的住宿接待条件(包括安全、消防、卫生、环保等方面的配套设施),原则上需拥有3间以上客房或5张以上床位。

(五)经营期间没有发生游客投诉和安全生产、食品安全等突发事件。

具体条件按照《云和县农家乐民宿经营基本要求》执行。

第五章　评审程序

第十二条　县农旅办作为农家乐民宿评审的组织机构。

第十三条　本扶持政策实施期间,第一季度至第三季度作为申请开办时间,第四季度作为项目扶持评审时间。

第十四条　有经营意向的业主事先向所在乡镇(街道)提出开办农家乐民宿或新增农家乐民宿床位申请,经乡镇(街道)和相关部门对经营用房的合法性、选址安全性、布局合理性和其他申办条件进行初审后报县农旅办备案,并规定项目完成时间。

第十五条　申报主体在规定时间内完成项目后,如实填写《云和县农家乐民宿扶持资金申报表》,并将工商执照、卫生许可证等相关证件的复印件一并上报所在乡镇(街道)初审。

第十六条　申报主体所在的乡镇（街道）根据相关规定，对申报主体提供的材料进行初审后报县农旅办，由县农旅办组织评审小组进行评审。

第十七条　评审小组依据相关要求，通过现场勘察、台账检查等形式进行评审，形成相关材料。

第十八条　经评审符合要求的农家乐民宿，由评审小组通过政务网向社会公示评审情况。公示无异议后，报县农家乐休闲旅游联席会议审定。

第六章　附　则

第十九条　本扶持政策由云和县农村工作办公室负责解释。

第二十条　本扶持政策自发文之日起实施，至 2014 年 12 月 31 日止。

附件：1. 云和县农家乐民宿经营基本要求

2. 2014 年各乡镇（街道）农家乐休闲旅游业提升发展目标任务分解表

3. 云和县农家乐民宿开办申请表

4. 云和县农家乐民宿扶持资金申报表

浙江省人民政府办公厅关于切实加强农房建设管理的实施意见

（浙政办发〔2017〕69 号）

各市、县（市、区）人民政府，省政府直属各单位：

为切实规范和加强全省农房建设管理工作，经省政府同意，提出如下实施意见。

一、总体要求

深入贯彻党的十八大和十八届历次全会精神、省第十四次党代会精神，坚持以人民为中心的发展思想，全面落实新发展理念，按照省委、省政府关于治危拆违攻坚战的决策部署，加快建立健全农房建设管理机制，切实落实农房建设管理责任，全面加强农房建设规划设计管控和施工质量安全管理，不断提升农房建设质量和管理水平，实现农房科学安全建设和规范有序管理，为高水平全面建成小康社会、高水平推进社会主义现代化建设提供强有力的安全和民生保障。

二、重点任务

（一）全面加强规划管理。农房建设依据村庄规划设计实施，严禁违反规划设计安排农房建设。各地要按照先规划、后许可、再建设的要求，强化村庄规划设计对农房建设的基础性指导地位，加快实现村庄规划编制（修编）全覆盖，并积极推进村庄规划与土地利用总体规划"两规合一"。在编制（修编）村庄规划的同时，对于建设项目较多的村庄和中心村、美丽宜居示范村、历史文化名村、传统村落等，还要全面开展村庄设计。农房建设要严格服从村庄规划设计的统一管理，确保规划的严肃性、整体性、统一性和连续性。对于分散零星建设改造的，老房原址不符合村庄规划的，必须在村庄规划安排的宅基地实施；对于农房改造建设示范村工程，必须在建设区域先行开展村庄设计，按照村庄设计确定的要求实施。

（二）全面落实农房设计。县级以上规划建设部门要切实做好农房设计通用图集的更新、完善和推广工作。农房设计通用图集及落地过程中进行适当修改等所需服务都要免费提供。鼓励农房建设委托有相应资质的设计单位或有执业资格的个人（以下统称设计人）进行设计，其中农房改造建设示范村工程宜委托有相应资质的设计单位进行设计。农房设计要遵循安全、经济、实用、美观的要求，在确保安全性的同时，还要坚持传承创新和彰显特色的设计理念，科学配置功能空间，探索形成具有地域特色的"浙派民居"新范式。各地要积极开展农房设计和建设试点，规范落实设计建设要求，同时大力推广应用绿色节能新技术和装配式建筑，形成一批可借鉴、可复制、可推广的示范村庄、示范项目，以点带面，全面提升全省农房设计和建设水平。

（三）全面规范农房审批。各地要按照《中华人民共和国城乡规划法》《中华人民共和国土地管理法》等法律法规要求，严格规范农房建设规划许可和用地审批管理。要依据村庄规划设计，合理确定农房建设的占地和建筑面积，从严控制建筑层数和高度，大力推进一户一宅、建新拆旧。同时，引导农村居民集约节约用地，鼓励不占或少占耕地，尽可能利用空闲地、荒地荒坡建房。积极推进坡地村庄建设。农房建设要按照规范程序进行规划审批,审批时要提供农房设计图集和有关设计图件。各地要按照"最多跑一次"改革要求,建立健全农房审批联合会审制度,通过联合审批、集中审批等方式,提高审批效率。

(四)全面加强施工管理。农房建设应委托具有相应资质的建筑施工企业或具备相应建设施工技能的农村建筑工匠(以下统称为承建人)施工。农房建设单位或个人(以下统称建房人)应与承建人签订施工合同,明确质量安全责任、质量保证期限和双方权利义务。承建人必须遵守有关法律法规、施工操作规范和施工技术标准,鼓励购买建筑施工意外伤害保险和工程保险,确保施工质量和安全。农房建设必须使用合格建筑材料,鼓励使用绿色建筑材料。建房人可以委托具备相应资质的监理单位或者相应资格的监理人员对农房建设进行监理。乡镇政府(街道办事处)要组织对农房建设定期开展巡查监督,严格落实农民建房"四到场"制度,做到建筑放样到场、基槽验收到场、施工过程到场、竣工验收到场;指导各村通过制定村规民约等方式,推动农房建设管理各项规定的落实。

(五)全面加强农房验收。农房建设竣工后,建房人应组织承建人、设计人到现场验收,有施工监理的,监理人员也应到场。验收要形成建房质量情况的书面意见,与建房资料一并报乡镇政府(街道办事处)存档。县级规划建设部门和乡镇政府(街道办事处)应当加强对农房竣工验收的指导和监督。农房竣工验收合格后,建房人持相关审批、验收等资料,依法申请办理不动产登记。乡镇政府(街道办事处)应参照相关建设档案管理规定,逐步建立完善农房建设管理档案,形成电子档案数据库。

三、责任体系

(一)落实属地管理责任。各地要高度重视农房建设管理工作,加强村镇规划建设管理队伍建设,普及农房建设基本安全知识,提高农民建房质量安全意识,建设符合质量安全要求的房屋。县级政府要切实强化属地管理责任,督促国土资源、规划建设等部门和乡镇政府(街道办事处)切实履行法定管理职责,运用权力清单和责任清单成果,明确各责任主体的职责边界,防止出现推诿扯皮、监管真空的现象。按照基层治理体系"四个平台"建设要求,建立基层规划建设、国土资源管理站(所、分局)联合办公机制,实行综合管理,联合受理、联合踏勘、联合审批、联合放样、联合监管、联合验收,形成管理合力。

(二)落实部门管理责任。各级规划建设、国土资源、工商(市场监管)、质监、综合行政执法等部门要将农房建设管理工作放到重要位置,各司其职,切实落实管理责任,全面加强对农房用地选址、规划设计、施工质量安全、依法建设等工作的指导和监督。要加大对农村建材市场的检查和监管力度,对钢材、水泥等主要建材进行抽检,有条件的地区要为建房农户提供建材质量检测和咨询服务。各级规划建设部门要指导成立农村建筑工匠自律协会,开展业务培训,建立健全农村建筑工匠质量安全责任追究和公示制度,健全农村建筑工匠责任主体信用档案。

(三)落实建设主体责任。建房人对农房质量安全负总责,承担建设主体责任。农房设计、施工、材料供应等单位或个人分别承担相应的质量和安全责任。

四、保障措施

（一）加强组织协调。省建设厅要切实发挥牵头作用，统筹做好全省农房建设的监督管理工作。省编办、省农办、省发展改革委、省民政厅、省财政厅、省国土资源厅、省农业厅、省工商局、省质监局、省物价局等要各司其职，密切配合，加大配套政策支持，共同做好全省农房建设的监督指导工作。各地政府要切实加强组织领导，把农房建设管理工作摆在保安全、惠民生的突出位置，加强督查考核，推动工作落实，并结合实际制定农房建设管理实施细则。省建设厅要会同有关部门适时组织开展专项检查。

（二）加强技术服务。各地要组织力量，建立完善农房建设技术标准规范体系，编制农房设计通用图集、质量安全技术手册、建筑工匠教材等并组织培训实施，不断提升管理水平。制定农房建设技术服务工作方案，采取成立农房建设技术服务组织、建立乡村规划师制度等方式，对农房规划建设提供专门的技术服务。鼓励和引导技术单位开展农房建设咨询业务，为农户建房提供专业服务，同时组织高校、科研机构、行业协会、学会等专业力量深入农村，巡回指导，全面提供技术支持。加强与勘察设计单位的深度合作，推动设计单位对农房规划建设全过程跟踪服务。

（三）加强法制保障。深入贯彻落实并广泛宣传农房建设在规划、用地、质量安全监督等方面的法律法规，积极营造良好的法治环境。制定实施农房建设管理办法，推动实现全省农房建设管理的法治化、规范化。各地要加强对农民建房活动的监督管理，依法及时查处各类违法违规建房行为并切实整治到位，确保农房建设规范有序。

浙江省人民政府办公厅

2017 年 7 月 7 日

中共柯桥区委办公室　柯桥区人民政府办公室关于印发《关于"闲置农房激活计划"的实施意见(试行)》的通知

各镇(街道、开发区)党委(工委),政府(办事处、管委会),区机关各部门:

《关于"闲置农房激活计划"的实施意见(试行)》已经区委、区政府同意,现印发给你们,请认真贯彻执行。

中共柯桥区委办公室

柯桥区人民政府办公室

2018 年 6 月 12 日

关于"闲置农房激活计划"的实施意见(试行)

为进一步盘活农村资源资产,促进农村新兴产业兴旺,壮大村级集体经济,实现农民增收,根据中央 1 号文件和《中共绍兴市委办公室绍兴市人民政府办公室关于实施"闲置农房激活计划"的指导意见》(绍市委办发〔2018〕1 号)精神,经区委、区政府同意,现就实施"闲置农房激活计划"提出如下意见。

一、总体要求

1. 指导思想

高举习近平新时代中国特色社会主义思想伟大旗帜,全面贯彻落实党的十九大精神和中央、省委、市委农村工作会议精神,坚持农业农村优先发展,紧紧围绕产业兴旺、生态宜居、乡风文明、治理有效、生活富裕的要求,着力盘活闲置农房,积极引入工商资本投入"三农",吸引城区市民到农村生产生活,鼓励外出精英回归农业农村,倡导乡贤回乡治村养老,让本村农民在闲置农房出租、小块土地流转、就近家政服务、销售自家农产品、打理开心农场中增加收入和提升素质,让外来精英和城市居民为农村生活带来生气和文明新风。

2. 基本原则

——合法合规、政策衔接。坚持"一户一宅"原则、农村宅基地集体所有制原则,节约、集约利用土地,有效盘活存量土地和房屋,优化农村社会资源配置;规划"非保留村"及不符合相关法律法规的,不纳入激活计划范围。

——规划先行、安全环保。闲置农房开发改造要遵循"规划—设计—建设"规范,与村落布点规划、村庄建设规划、土地利用规划相匹配;遵守消防、防洪、防雷、抗震、防地质灾害等各类安全规定,注重绿色生态、符合环保要求。

——农民受益、集体增收。充分尊重农民群众的主体意愿,不搞"一刀切"强行推进;探索推行宅基地所有权、资格权、使用权"三权分置",落实集体所有权,保障农民资格权和农民房屋财产权,适度放活宅基地和农民房屋使用权,使农户、村集体、社会投资者多方共赢。

——改革创新、稳妥推进。抓住全国农村集体产权制度改革试点契机,积极发挥敢为人先的改革精神,创新闲置农房开发利用路径,妥善化解和处置权属纠纷、邻里矛盾、历史遗留问题,探索总结"柯桥样本",为农村闲置房屋激活提供"柯桥方案"。

二、主要目标

用 3 年时间,实现"五千目标":即盘活 1 000 幢闲置农房,农民住房财产性和经营性收入增加 1 000 万元以上,乡村旅游、农业体验、健康养老、休闲度假等相关产值增加 1 000 万元以上,增加新农人(农创客)1 000 人,增加村集体经济经营性收入 1 000 万元,到 2020 年,建立基本完善的闲置农房开发利用机制。

三、有关界定

1. 闲置农房概念

闲置农房是指全区范围内在集体土地上建造、产权清晰、处于闲置状态且能够安全使用的房屋(包括其配套设施和房屋周边的非农用闲置土地)。

2. 盘活基本条件

可盘活使用的闲置农房,需符合以下条件:

(1)房屋产权清晰,无使用权争议;

(2)房屋经安全检测,无结构、地质、防洪、消防等各类隐患;

(3)房屋符合政府相关布点规划,且近期未列入征迁计划(城市规划区内房屋应保证未列入 3 年内征迁计划);

(4)房屋具有完备的卫生设施,无环保问题;

(5)房屋符合民俗保护要求,属于文物保护单位(点)的,应当根据其级别报相应的文物主管行政部门备案。

3. 利用基本条件

(1)闲置农房利用的租赁期限原则上最长不超过 20 年;

(2)严禁以租赁方式变相进行农房或宅基地买卖;

(3)严禁利用闲置农房兴办私人会所、"低小散"类工业作坊和企业经营场所等;

(4)严禁利用闲置农房从事其他违法违规行为。

四、盘活方式

1. 申请。闲置农房所有人自愿出租的,应当先向房屋所在地农村集体经济组织申请。

2. 审查。村集体经济组织接到申请后,对符合出租条件的,5 个工作日内完成实地勘查,确定租赁房屋用途,出具允许租赁的审查意见,并报镇街备案。

3. 审核。镇街在收到备案表后 5 个工作日内,应组织国土、规划、城建及新农村等有关部门人员,对房屋进行审核,符合条件的,予以备案。

4. 收储。村集体经济组织根据房屋不同情况,采取"3 + X"方式进行收储。

(1)回购。对已闲置,且房屋所有人愿意退出宅基地使用权的闲置农房,由村集体与房屋所有人协商回购;对因串心屋、房屋套型结构等原因尚未拆除的应拆房,由村集体补偿地上建筑物残值,房屋所有人办理房屋注销登记后,收归村集体所有;对违法建筑和其他应拆房,原则上不予补偿,一律依法实行拆除。

（2）返租。对虽闲置，但房屋所有人不愿意退出宅基地使用权的合法闲置农房，可以通过房屋所有人委托村集体经营的方式，由村集体统一组织经营，收益实行保底分红。

（3）入股。对房屋所有人既无出售意向，又无委托村集体经营意向的合法闲置农房，可由房屋所有人提供合法权证，经村、镇审核后，与村集体签订协议，将房屋所有权或使用权以折价方式入股参与经营，协商确定保底分红，按自负盈亏方式享受分红。

（4）"X"。即各镇（街道、开发区）、村结合实际，创新模式、制定具体房屋收储政策。

5.发布。经村收储后的闲置农房，可由村集体经济组织或村民自行成立合作社开发建设运营；也可通过"乡愁网"等平台统一发布招商信息，吸引有成功运行经验的工商资本主导开发建设。

6.签约。农户、村集体经济组织和承租方达成意向后，应当签订《房屋租赁合同》，明确三方权利、义务，规范经营、使用行为，村集体经济组织每月将租赁合同汇总，于次月10日前报镇街备案。

7.审批。按照"最多跑一次"改革要求，对租用闲置农房发展民宿、农家乐、养老、文化创意、农事体验等新兴经济业态的工商业主或个人，相关经营证照实行联合受理、联合审查、联合踏勘、联合审批。

针对农户直接出租给投资商的，可由村集体经济组织、农户与投资人签订三方租赁合作协议予以开发建设；对于农户与投资人签订双方协议的，农户或投资商须在签订协议后30日内，将协议向村集体经济组织进行备案，镇（街道、开发区）和行政村要结合实际制定有关开发及后续管理规定，加强管理，杜绝出现农房乱建乱租行为。

五、加大扶持力度

1.实行财政专项资金政策扶持。建立专项资金，明确闲置农房流转的激励政策，确定奖补比例，落实税收引导政策。（责任单位：区农办、区财政局）

2.实行修缮改造政策扶持。建立健全闲置农房在激活开发利用过程中的修缮、改造有关审批政策，明确审批条件和审批流程，明确房屋占地面积、建筑面积及层高控制等具体性指标，探索建立建设用地增减挂钩机制。（责任单位：区规划分局、区建设局、区国土分局）

3.实行收储及流转政策扶持。探索农村宅基地和承包地"三权"分置机制，闲置房屋所有权人可通过"以房换钱、以房换房、以房换租"的形式进行宅基地置换，房屋权证过户给村集体；对置换后符合村庄规划、质量完好的农房，允许予以保留，对不符合村庄规划的农房实行拆除。流转经营后的闲置农房，允许村集体按农房占地面积向承租方适当收取集体土地使用费。（责任单位：区农办、区国土分局）

4.实行金融服务政策扶持。对租赁闲置农房用于发展民宿休闲、养生养老、乡村旅游、创新创业等的，符合条件可享受农村产权抵押贷款贴息政策。鼓励金融机构为创新创业主体提供融资、授信、增信服务，针对性提供集体建设用地使用权抵押、农业土地（林地）经营权抵押、农民不动产所有权抵押等下乡创业者急需的金融产品。鼓励

金融机构为行政村"整村批量授信",加快农村贷款审批速度,提高农村信贷获得率。(责任单位:区金融办)

5.实行基础设施建设提升政策扶持。对闲置农房激活规划范围内的村,结合"五星达标、3A争创"和小城镇综合环境整治等工作,优先安排基础设施建设,重点加强道路、供水、供电、排水、通信、污水处理、垃圾处理、厕所改造等基础设施配套,增强公共服务功能,提升公共服务水平,促进闲置农房合理利用。(责任单位:区农办、区建设局)

六、坚持多元利用

1.鼓励发展乡村旅游。对利用闲置农房经营民宿等旅游产品开发的,达到浙江省等级民宿的,按照相关规定给予奖励;鼓励利用闲置农房发展农家乐,优先安排区级及以上农家乐特色村(点)和经营户的评选认定;对创建成为省级农家乐集聚村,按照相关规定给予政策性奖补。(责任单位:区旅游局、区农林局)

2.鼓励发展农村养老服务。支持村集体经济组织、社会资本以独资、承包、合资、合作、联营等方式租赁农村闲置房屋,用于开办养老院、养护院、老年公寓、农村社会福利服务中心等养老服务设施。对符合养老布点规划的养老机构,按照有关规定,享受建设补助、运营补助、税费减免、贷款贴息等政策。(责任单位:区民政局)

3.鼓励闲置农房公共化利用。引导镇街和村按照"能租不建"的原则,利用闲置农房开办文化、教育、体育、医疗等公共配套服务。(责任单位:各镇<街道、开发区>)

4.鼓励各类人才利用闲置农房创业。对具有专业技术特长的科技人员、大学生和农科企业利用闲置农房下乡开展技术指导和创业服务的,给予政策支持;对利用闲置农房创办、领办农科企业的科技人员、大学生,给予相关政策支持;对科技创业示范户落实有关贷款额度的贴息政策。(责任单位:区农林局、区科技局、区金融办、团区委)

七、加强规范管理

1.加强租赁合同管理。推行闲置农房租赁合同示范文本,引导规范签约,租赁合同应当明确房屋租赁用途、租赁期限、房屋使用要求、维修责任、房屋返还、合同解除、违约责任和争议解决办法等主要内容。未经出租人书面同意和有关部门批准,承租人不得擅自改变租赁房屋的用途。(责任单位:各镇<街道、开发区>)

2.加强安全管理。镇街要对闲置农房安全隐患进行动态监管,发现隐患及时整改;消防、环保、公安、卫生等部门要建立常态化巡查、监督、管理机制;承租人要保证房屋的建筑结构和设备设施符合各类安全要求,不得利用租赁房屋从事违法违规经营活动。(责任单位:各镇<街道、开发区>)

3.建立纠纷调处机制。探索建立村民、市民、居民"三民"融合共处机制,村级组织要发挥矛盾调解的主体作用,及时处理闲置农房租赁使用过程中产生的矛盾纠纷。(责任单位:各镇<街道、开发区>)

八、工作要求

1.加强组织领导。区里成立由区委副书记任组长,分管副区长任副组长,各镇街和相关部门主要负责人为成员的盘活利用闲置农房工作领导小组。领导小组下设办公室,办公室设在区农办,负责盘活利用闲置农房的指导、协调、监督等工作。同时,组建专家团,定期、不定期指导试点工作推进。各镇街成立相应工作班子,抽调人员、扎实推进,确保盘活利用闲置农房工作落到实处。

2.强化宣传引导。加强闲置农房租赁政策宣传和推介,利用广播、电视、报刊、网络等媒体做好宣传引导,营造良好的舆论环境。

3.形成工作合力。区领导小组有关成员部门,要按各自职责,加强业务联系,形成工作合力。区其他相关部门要积极配合,共同推动盘活利用闲置农房工作顺利开展。

4.严格督查考核。将盘活利用闲置农房工作列入区对各镇(街道、开发区)和相关部门年度岗位目标责任制考核内容,并定期督查,对工作开展情况进行通报。

● 湖北省 ●

关于印发《关于开展"市民下乡、村民进城"活动加快我市新农村建设的支持措施(暂行)》的通知

各新城区新农村建设工作领导小组,市新农村建设工作领导小组各成员单位:

为进一步组织开展"市民下乡、村民进城"活动,加快我市新农村建设步伐,现将《关于开展"市民下乡、村民进城"活动 加快我市新农村建设的支持措施(暂行)》印发给你们,请认真组织实施。

武汉市新农村建设工作领导小组办公室

2017 年 4 月 6 日

关于开展"市民下乡、村民进城"活动加快我市新农村建设的支持措施(暂行)

根据《中共武汉市委 武汉市人民政府关于加快推进农业供给侧结构性改革 增强农业农村发展新动能的实施意见》(武发〔2017〕1 号)文件和全市农村工作会议暨脱贫攻坚"春季攻势"推进会精神,为进一步组织开展"市民下乡、村民进城"活动,鼓励能人回乡、企业家下乡、知识分子下乡、市民下乡以租赁、合作方式利用农村空闲农房创业创意、休闲养老养生,促进农村集体经济组织和农民增加财产性收入,加快我市新农村建设,特提出如下支持措施:

1. 对经农村集体经济组织同意,农民自愿出租的农村空闲农房,在三个工作日内完成农村宅基地使用情况的合规性审查。(责任单位:市国土规划局,各新城区)

2. 利用农村综合产权信息平台、农业政务网等平台,对符合租赁、合作条件的农村空闲农房,免费发布市场供求信息;对以租赁、合作方式签订利用农村空闲农房协议的,免收服务费。(责任单位:市农委,各新城区)

3. 对通过实施土地增减挂钩、迁村腾地,实行村庄集并的美丽乡村建设项目,对基础设施和公共服务设施项目按每户 2 万元的标准给予奖补。(责任单位:市农委、市城建委,各新城区)

4. 对以租赁、合作方式利用农村空闲农房、协议期在五年以上、村湾农户总数 30 户以上、利用空闲农房户数占农户总数 30% 以上、符合美丽乡村建设标准的,按每户 8 万元的标准给予奖补。(责任单位:市农委,各新城区)

5. 以租赁、合作方式利用农村空闲农房发展农家乐、协议期在三年以上,取得工商执照和餐饮业食品卫生许可证,达到《湖北省农家乐星级划分与评定》二星级以上标准

的经营户,给予当地农村居民开办农家乐的同等待遇,按二星级 2 万元、三星级 3 万元、四星级 4 万元、五星级 5 万元的标准进行奖补。(责任单位:市农委、市旅游局,各新城区)

6. 对租赁农村空闲农房组建乡村休闲游合作社发展休闲农业的,给予村民同等待遇。对注册资金在 50 万元以上,参与农家乐经营户 10 户以上的乡村休闲游合作社,给予 10 万元/社一次性奖励。(责任单位:市农委,各新城区)

7. 对"市民下乡"租赁空闲农房创业创新的,优先安排开展新型职业农民培育工程。对参加农业创业培训的,培训时间 15 天或 120 学时,人均补助 0.3 万元;对参加农业职业经理人培训的,培训时间 20 天或 160 学时,人均补助 0.4 万元;对参加农村实用人才党员培训的,培训时间 7 天或 56 学时,人均补助 0.1 万元。(责任单位:市农委,各新城区)

8. 对"市民下乡"租赁空闲农房创业创新的,享受农业科技示范户待遇,科技示范户可享受贴息额度为贷款 5 万元以内(含 5 万元),核心示范户可享受贴息额度为贷款 30 万元(含 30 万元),按国家基准利率给予全额贴息。(责任单位:市农委,各新城区)

9. 鼓励具有专业技术特长的科技人员、大学生和农业科技企业、农村合作组织通过租赁、合作方式利用农村空闲农房开展技术指导和创业服务。对创办、领办、协办农业科技企业、农村合作组织的科技人员、大学生,优先选派为科技特派员,对接受科技特派员的农业科技企业、农村合作组织,优先认定为科技特派员工作站,享受相应的支持政策。(责任单位:市科技局、市农科院,各新城区)

10. 鼓励"市民下乡"租赁农村空闲农房发展农村电子商务,通过互联网销售本地特色农产品的,优先给予项目支持,开展农村电商服务的,优先考虑设置村邮站或农村电子商务综合服务站。(责任单位:市商务局、市农委、市邮政管理局,各新城区)

11. 鼓励"市民下乡"租赁农村空闲农房开设农村生产、生活资料服务网点,优先考虑设置农村农资店。(责任单位:市供销合作总社,各新城区)

12. 对通过租赁、合作方式利用农村空闲农房开展休闲养老、创业创新的,协议期在五年以上、村湾农户总数 30 户以上、利用空闲农房户数占农户总数 30% 以上的,优先安排农户户厕改造或村(湾)无害化公共旱厕改造。(责任单位:市卫计委,各新城区)

13. 对通过租赁、合作方式利用农村空闲农房、协议期在五年以上、村湾农户总数 30 户以上、利用空闲农房户数占农户总数 30% 以上的,优先配套建设污水处理设施。(责任单位:市环保局,各新城区)

14. 对以租赁、合作方式利用农村空闲农房的,在农村治保会组织建设、农村网格化管理、农村消防等方面,为市民下乡创业提供安全保障。(责任单位:市公安局,各新城区)

15. 大力推进登记制度改革,放宽租赁空闲农房作为住所(经营场所)的登记条件,对"市民下乡"租赁农村空闲农房创业创新免收登记类、证照类等行政事业性收费。(责任单位:市工商局,各新城区)

16. 金融机构对"市民下乡"租赁农村空闲农房创新创业融资优先给予支持,为有市场、有效益、守信用、风险可控的新型农业经营主体提供增信服务。(责任单位:市金融工作局,各新城区)

17. 鼓励"市民下乡"租赁农村空闲农房创新创业,发展农村第三产业,其用水用电价格,给予当地农村居民同等价格。(责任单位:武汉供电公司、武汉水务集团,各新城区)

18. 对"市民下乡"租赁农村空闲农房创新创业人员,可在创业地按相关规定参加各项社会保险;对"市民下乡"人员的子女可在创业地接受义务教育,依地方相关规定接受普惠性学前教育。(责任单位:市人社局、市教育局,各新城区)

19. 鼓励"市民下乡"租赁农村空闲农房兴建老年人互助照料中心,经验收达标后,给予 2 万元一次性建设补贴;鼓励兴办非营利性社会办养老福利机构,并享受相关优惠政策。对"市民下乡"租赁农村空闲农房创新创业,初始创业失败后生活困难的,可按规定享受社会救助。(责任单位:市民政局,各新城区)

20. 鼓励"市民下乡"租赁农村空闲农房,开办民间博物馆,打造"博物馆小镇",传播优秀传统文化,创办农村实体书屋开展农民阅读活动,开展非遗项目的保护和传承,并享受相关优惠政策。(责任单位:市文化局,各新城区)

领取表格	出租人和承租人在新城区新农办、所在地村委会、武汉市农村综合产权交易所(以下简称农交所)领取房屋出租或承租申请表或从武汉市农村综合产权交易所网站下载申请表格。
填写表格	出租申请人应填写申请人个人基本情况、空闲农房基本情况、空闲农房租赁或合作方式、价格、期限等信息; 承租申请人填写的内容包括申请人基本情况和承租的意向区域、所需面积、承租年限、意向价格、主要用途等。
信息筛选	村委会负责审核出租人、空闲农房基本情况、出租意向,审核同意后,村委会负责人将在出租申请书上签字并加盖村委会公章;承租人信息筛选由武汉市农交所进行在线审查,只有通过了信息筛选,出租人或承租人才能凭相关资料向农交所申请信息发布。
提交申请	信息筛选通过后,承租申请人或委托人向农交所提出信息发布申请,并提交附件材料至农交所受理窗口(武汉市江岸区金桥大道117号市民之家三楼F区6号、7号窗口)
信息发布	农交所在接受出租、承租信息发布申请后,在三个工作日内,在信息发布平台上进行信息发布。所发布的出租、承租信息,按各新城区、街乡镇场、村湾进行分类发布。

武汉市人民政府办公厅关于做好支持农民工等人员返乡创业工作的通知

（武政办〔2016〕95号）

各区人民政府，市人民政府各部门：

为贯彻落实《国务院办公厅关于支持农民工等人员返乡创业的意见》（国办发〔2015〕47号）和《省人民政府办公厅关于支持农民工等人员返乡创业的实施意见》（鄂政发〔2016〕10号）等文件精神，进一步做好支持我市农民工、大学生和退役士兵等人员返乡创业工作，经市人民政府同意，现就有关事项通知如下：

一、总体要求

坚持普惠性与扶持性政策相结合、盘活存量与创造增量并举、政府引导与市场主导协同的原则，加强统筹谋划，健全体制机制，整合创业资源，完善扶持政策，优化创业环境，以人力资本、社会资本的提升、扩散、共享为纽带，加快建立多层次多样化的返乡创业格局，全面激发农民工等人员返乡创业热情，创造更多就地就近就业机会，加快新型工业化、城镇化进程，全面汇入大众创业、万众创新热潮，加快培育经济社会发展新动力。

二、重点任务

（一）依托精准扶贫战略推进返乡创业。认真贯彻落实《中共武汉市委武汉市人民政府关于全力打赢精准扶贫攻坚战的决定》（武发〔2015〕8号）精神，扶持生产和就业创业发展，到2018年，实现有劳动能力的贫困人口全部脱贫。充分利用各种优惠政策，引导返乡人员与精准扶贫项目有效对接，围绕特色种养业及其加工业、现代服务业、休闲农业、农村电子商务、特色生态旅游业、农村旅游服务、"互联网＋扶贫"等产业开展创业。利用互联网、电商公司的信息平台，出台贫困地区农副产品销售的支持政策。

（二）依托产业转移升级带动返乡创业。充分利用现有的开发区、创业园和孵化基地等设施，在承接产业转移、推进产业升级过程中，大力发展相关配套产业，带动农民工等人员返乡创业。鼓励积累了一定资金、技术和管理经验的农民工等人员，顺应产业转移的趋势和市场需求，充分挖掘和利用家乡资源和要素比较优势，把适合的产业转移到家乡再创业、再发展，把小门面、小作坊升级为特色店、连锁店、品牌店。大力实施返乡创业工程，宣传返乡创业政策，推介投资项目，积极引导外出务工人员抱团回归返乡投资创业。

（三）引导一二三产业融合发展带动返乡创业。统筹发展区域经济，积极引导返乡农民工等人员融入区域专业市场、示范带，打造具有区域特色的优势产业集群。鼓励创业基础好、创业能力强的返乡人员，充分开发乡村、乡土、乡韵潜在价值，发展农产品加工、休闲农业、林下经济、乡村旅游、农村服务业等产业项目，促进农村一二三产业融合发展，拓展创业空间。

（四）支持新型农业经营主体发展带动返乡创业。鼓励返乡人员共创农民合作社、家庭农场、农业产业化龙头企业、林场等新型农业经营主体,围绕规模种养、农产品加工、农村服务业以及农技推广、林下经济、贸易营销、农资配送、信息咨询等合作建立营销渠道,合作打造特色品牌,合作分散市场风险。积极发挥能人效应,引导当地种植、养殖、物流、加工等致富带头人、经纪人与返乡人员开展合作,帮助返乡人员与当地能人强强联合、兴业创业。

(五)依托农村电子商务发展带动返乡创业。鼓励和扶持返乡人员利用互联网技术,发展线上休闲农业、乡村旅游、农产品销售等农村服务业,促进地方传统产业实现电子商务化,带动本地电子商务生态发展,推动线上线下融合发展。鼓励返乡创业农民工发挥熟悉输入地市场、输出地资源的双重优势,借力"互联网+"信息技术发展现代商业,通过对特色农产品进行挖掘、升级和品牌化,拓宽特色农产品网上销售渠道,实现特色农产品与外地市场有效对接。

(六)加强基础设施和服务体系建设促进返乡创业。

1.加强创业服务平台建设。切实加大人力财力投入,进一步推进区、街道(乡镇)基层就业和社会保障服务平台、中小企业公共服务平台、农村基层综合公共服务平台、农村社区公共服务综合信息平台、创业公共服务平台建设,优化农村基层公共服务基础设施。支持电信企业加大互联网和移动互联网建设投入,加快提速降费,建设完善宽带网络基础设施和服务体系。推进电子商务进农村,推动信息入户、服务下沉,带动返乡人员依托其平台和经营网络创业。支持街道(乡镇)、农村集体经济组织与社会资本合作共建智能电商物流仓储基地,健全农村物流基础设施网络,完善物流下乡体系,提升冷链物流配送能力,畅通农产品进城与工业品下乡的双向流通渠道。

2.强化返乡创业公共服务。各地依托基层公共服务平台集聚政府公共资源和社会其他各方资源,组织开展专项活动,为返乡人员创业提供各项服务。依托基层就业和社会保障服务平台,及时将创业农民工等人员纳入社保、住房、教育、医疗等公共服务范围,做好返乡农民工等人员创业服务、社保关系转移接续等工作,确保其各项社保关系顺畅转移接入。及时将电子商务等新兴业态创业人员纳入社保覆盖范围。建立在外人才数据库,有针对性地引导农民工等人员返乡创业。建立创业项目库,指导和帮助返乡创业农民工等人员选准创业项目。成立专家技术服务团队,为返乡创业企业解决技术、经营、管理等问题。在基层就业平台设置返乡创业服务窗口,举办专场招聘会,为返乡创业农民工等人员提供公共就业创业服务。

3.强化返乡创业中介服务。运用政府向社会力量购买服务的机制,调动教育培训机构、创业服务企业、电子商务平台、行业协会、群团组织等社会各方参与的积极性,帮助返乡创业农民工等人员解决企业开办、经营、发展过程中遇到的能力、经验、资源不足等难题。培育和壮大专业化市场中介服务机构,提供市场分析、管理辅导等深度服务,帮助返乡创业农民工等人员改善管理、开拓市场。鼓励大型市场中介服务机构跨区域拓展,推动形成专业化、社会化、网络化的市场中介服务体系。推进人力资源市场诚信体系建设和标准化建设,加大对企业用工行为的监督检查力度,提高中介服务质量。

（七）加强对返乡农民工等人员的创业培训。紧密结合返乡农民工等人员创业特点、需求和地域经济特色,整合现有培训资源,开发有针对性的培训项目,创新培训模式,采取培训机构面授、远程网络互动等方式有效开展创业培训,开展返乡创业专项培训,提高培训的可获得性。对符合创业培训补贴政策人员参加创业培训的,可按照规定享受创业培训补贴。建立健全创业辅导制度,加强创业导师队伍建设,从有经验的成功企业家、职业经理人、电商辅导员、天使投资人、返乡创业带头人中选拔一批创业导师,为返乡创业农民工等人员提供创业辅导。支持返乡创业培训实习基地建设,动员知名乡镇企业、农产品加工企业、休闲农业企业和专业市场等为返乡创业人员提供创业见习、实习和实训服务。发挥好驻贫困村"第一书记"和驻村工作队作用,帮助开展返乡农民工等人员教育培训,做好贫困乡村创业致富带头人培训工作。

（八）引导返乡创业与万众创新对接。引导和支持龙头企业建立市场化的创新创业促进机制,加速资金、技术和服务扩散,带动和支持返乡创业人员依托其相关产业链创业发展。鼓励高等院校、科研院所和科技企业孵化器等搭建基础、公用专业技术创新创业服务平台,吸引返乡创业农民工等各类创业者围绕其创新成果创业,加速科技成果资本化、产业化步伐。鼓励社会资本特别是龙头企业加大投入,建设发展市场化、专业化的众创空间,促进返乡创业人员创新创意与企业发展、市场需求和社会资本有效对接。健全完善科技特派员制度,鼓励政府、企业及社会力量组织开展各类农村科技创业、科技公益活动,建设一批"星创天地",为农民工等人员返乡创业提供科技服务,实现返乡创业与万众创新有序对接、联动发展。

三、政策措施

（一）降低返乡创业门槛。深化商事制度改革,落实注册资本登记制度改革,优化返乡创业登记程序,简化创业住所(经营场所)登记手续,推动"一址多照"、集群注册等住所登记制度改革。放宽经营范围,鼓励返乡人员投资农村基础设施和在农村兴办各类事业。对政府主导、财政支持的农村公益性工程和项目,可采取购买服务、政府与社会资本合作等方式,引导农民工等人员创设的企业和社会组织参与建设、管护和运营。对能够商业化运营的农村服务业,向社会资本全面开放。制定鼓励社会资本参与农村建设目录,鼓励返乡创业人员参与建设或承担公共服务项目,支持返乡人员创设的企业参加政府采购。取消和下放涉及返乡创业的行政许可审批事项,全面清理并切实取消非行政许可审批事项,减少返乡创业投资项目前置审批。

（二）落实定向减税费和普遍性降费政策。根据《财政部国家税务总局关于小型微利企业所得税优惠政策的通知》(财税〔2015〕34号)精神,自2015年10月1日至2017年12月31日,对农民工等返乡创业人员开办年应缴纳所得额低于20万元(含20万元)的小型微利企业,其所得减按50%计入应纳税所得额,按20%的税率缴纳企业所得税。对符合《财政部国家税务总局关于进一步支持小微企业增值税和营业税政策的通知》(财税〔2014〕71号)精神的,返乡创业人员月销售额或者营业额不超过3万元的增值税小规模纳税人(按季纳税营业额不超过9万元)的,按照规定免征增值税。对持《就业创业证》的返乡创业人员从事个体经营的,在3年内按每户每年9 600元为限额依次扣减其当年实际应缴纳的营业税、城市维护建设税、教育费附加、地方教育附加和个人所得税。对农民工等人员返乡创办的企业,招用就业困难人员、毕业年度高校毕业生的,按照规定给予降低社会保险费率政策。

(三)加大财政支持力度。充分发挥财政资金的杠杆引导作用,加大对返乡创业的财政支持力度。加大基本建设资金投入力度,支持基层就业和社会保障服务设施、"宽带乡村"示范工作等基础设施项目建设。对返乡农民工等人员创办的新型农业经营主体,符合农业补贴政策支持条件的,可按照规定同等享受相应的政策支持。对返乡农民工等人员承包荒山、荒地、荒滩,经营特色经济林、林下种养等,提供技术服务和贷款贴息等方面的支持,并按照有关规定给予相应资金补助。对农民工等人员返乡初次创业从事种养殖、家庭农场、农产品加工、农业产业化、农村服务业、林下经济等经营实体,正常经营 6 个月以上、带动一定就业人数的,给予一次性扶持创业补助。

(四)拓宽返乡创业金融服务。大力发展农村普惠金融服务,实施金融服务网格化战略。加快发展村镇银行、农村商业银行等中小金融机构和小额贷款公司等机构,完善返乡创业信用评价机制,积极稳妥开展农村承包土地的经营权、农民住房财产权、林权和动产权益抵(质)押贷等新兴抵(质)押担保业务,扩大抵押物范围,鼓励金融机构将法律法规不禁止、产权归属清晰的农村集体房屋、土地等不动产,机器设备、产成品等各类农村资产作为抵押担保品。探索和开展贷款保证保险业务,为返乡创业人员融资提供增信服务。落实创业担保贷款政策,对符合条件的返乡创业人员从事个体经营的创业担保贷款额度不超过 20 万元,合伙经营、创办小微企业的,可按照每人不超过20 万元、总额不超过 100 万元的额度实行"捆绑式"贷款,给予最长不超过 2 年财政全额贴息。对按时还款的借款人,可给予第二次创业担保贷款,贷款期限最长不超过 2年,并享受全额贴息政策。

(五)加强返乡创业园建设。各区依托现有工业园区、农业产业园区、物流园区等各类园区、闲置土地、厂房、校舍、批发市场、楼宇、商业街和科研培训设施,整合发展一批农民工等人员返乡创业园,积极完善返乡创业园支持政策。以土地租赁方式进行农民工返乡创业园建设的,形成的固定资产归建设方所有。在不增加财政预算支出总规模、不改变专项资金用途的前提下,合理安排相应的财政引导资金,以投资补助、贷款贴息等恰当方式支持农民工返乡创业园建设。发展改革、财政、水利、交通运输、供电、电信等部门和单位可安排相应项目,帮助返乡创业园完善水、电、交通、物流、通信、宽带网络等基础设施。支持农民工返乡创业园土地利用总体规划适度调整,保障合理用地空间。适度放宽返乡创业园用电用水用地标准,执行优惠价格,降低园区生产成本,制定返乡创业示范园建设标准,认定一批市级农民工返乡创业示范园,对入驻企业给予场租、水电费等补贴,吸引更多返乡农民工等人员入园创业。

四、组织保障

(一)加强组织领导。在市人民政府的领导下,由市人民政府农民工工作联席会议负责协调落实市农民工等人员返乡创业具体工作。各区人民政府(含开发区、风景区、化工区管委会)主要负责人是本区农民工等人员返乡创业工作的第一责任人,要健全政府主要负责人牵头的农民工等人员返乡创业工作协调机制,明确任务分工,细化配套措施,跟踪工作进展,及时总结推广经验,研究解决工作中出现的问题。各区要结合产业转移、精准扶贫和推进新型城镇化的实际需要,制定更加优惠的政策措施,加大对农民工等人员返乡创业的支持力度。各区人民政府、市直各有关部门和单位要按照《武汉市支持农民工等人员返乡创业三年行动计划(2016—2018 年)》(附后)的要求明确时间进度,制定实施细则,确保工作取得实效。

(二)加大宣传力度。坚持正确的舆论导向,利用广播、电视、报刊以及网站、微博、微信、移动终端等媒体加强宣传解读,充分利用移动互联社交平台搭建返乡创业交流平台,使之发挥凝聚返乡创业农民工等人员以及交流创业信息、分享创业经验、展示创业项目、传播创业商机的作用。大力宣传优秀返乡创业典型事迹,加强宣传信息报道,开展专题宣传活动,充分调动社会各方面支持、促进农民工等人员返乡创业的积极性、主动性,大力营造创业、兴业、乐业的良好环境。

武汉市人民政府办公厅

2016 年 7 月 27 日

参考文献

[1] 杨亚楠. 农村宅基地闲置研究状况综述[J]. 现代农业科技,2008(14): 281-282,284.

[2] 刘亚芬. 内蒙古乌兰察布市农村宅基地闲置问题研究[D]. 呼和浩特: 内蒙古农业大学,2016.

[3] 陈利根,成程. 基于农民福利的宅基地流转模式比较与路径选择[J]. 中国土地科学,2012(10):67-74.

[4] 高菊英. 从城市房屋产权制度看农村房屋产权制度的构建[J]. 金卡工程:经济与法,2009,13(11):172.

[5] 王德文. 农村集体土地房屋产权产籍管理存在的问题及对策[J]. 中国房地产,2003(6):34-35.

[6] 钱向宏,徐忠明,黄岩葵. 农村集体土地房屋权属管理工作中应注意的几个问题[J]. 中国房地产,2003(5):33-34.

[7] 杨东升,邓立新. 农村房屋产权改革需要注意的四大问题[J]. 农村经济,2008(5):17-19.

[8] 刁其怀. 城乡统筹背景下的农房抵押——以四川省成都市为例[J]. 农村经济,2010(12):91-94.

[9] 肖文韬,宋小敏. 论空心村成因及对策[J]. 农业经济,1999(9):16-17.

[10] 卢向虎,杨延梅,蒋宗杰. 农村宅基地土地整理的再思考[J]. 农村经济,2005(6):26-27.

[11] 王直民,孙淑萍. 基于"房地分离"的农村住房抵押制度研究[J]. 农村经济,2012(10):22-25.

[12] 王艳霞. 农村房屋流转法律问题研究[D]. 上海:上海交通大学,2008.

[13] 金瓯. 从产权缔约看农房抵押贷款的发展——以温州市为例[J]. 农业经济问题,2012(3):29-37.

[14] 叶剑平,等. 中国农村土地农户30年使用权调查研究——17省调查结果及政策建议[J]. 管理世界,2000(2):163-172.

[15] 叶剑平,等. 2005年中国农村土地使用权调查研究——17省调查结果及政策建议[J]. 管理世界,2006(7):77-84.

[16] 叶剑平,等. 2008年中国农村土地使用权调查研究——17省调查结果及政策建议[J]. 管理世界,2010(1):64-73.

[17] 崔贵熙. 我国农村住房抵押法律问题分析[D]. 武汉:华中科技大

学,2013.

[18] 魏寿邦,季生有.农民住房财产权抵押贷款试点思考——以青海省湟源县为例[J].青海金融,2017(2):41-45.

[19] 李峰,谢丽芳.推进农村土地承包经营权抵押贷款的实践与思考——基于乐清市农房抵押贷款的成功经验视角[J].征信,2015(8):86-89.

[20] 王悦,霍学喜.农房抵押贷款风险成因及防范策略[J].河北学刊,2014,34(2):119-122.

[21] 郭明瑞.关于宅基地使用权的立法建议[J].法学论坛,2007,22(1):19-21.

[22] 王文卓.关于农民住房财产权抵押贷款试点的调查思考[J].现代金融,2016(3):27-30.

[23] 雷雪.农民住房财产权融资担保中各方利益平衡之制度设计[J].法制与社会,2017(2):59-60.

[24] 陈霄,鲍家伟.农村宅基地抵押问题调查研究[J].经济纵横,2010(8):88-91.

[25] 付桂生,翁贞林.试论产业布局理论的形成及其发展——兼论江西省工业生产力布局[J].江西教育学院学报,2005,26(1):5-7.

[26] 黎赔肆,周寅康.城市土地资源市场配置的缺陷与税收调节[J].中国土地科学,2000,14(5):21-24.

[27] 谭荣.农地非农化的效率:资源配置、治理结构与制度环境[D].南京:南京农业大学,2008.

[28] 周小亮.市场配置资源的制度修正——引入制度变量下对新古典价格理论的再讨论[M].北京:经济科学出版社,1999.

[29] 徐少阳.利益相关者理论的特征、作用与现存问题分析[J].兰州学刊,2008(2):63-64,56.

[30] 朱东恺.投资项目利益相关者管理研究[J].中国工程咨询,2004(2):21-23.

[31] 贾生华,陈宏辉.利益相关者管理——新经济时代的管理哲学[J].软科学,2003,17(1):39-42,46.

[32] 王斐斐.对利益相关者理论的思考[J].理论月刊,2007(8):35-37.

[33] 刘守英.城乡中国的土地问题[J].北京大学学报:哲学社会科学版,2018,55(3):79-93.

[34] 黄美均,诸培新.完善重庆地票制度的思考——基于地票性质及功能的视角[J].中国土地科学,2013,23(6):48-52.

[35] 杨继瑞,汪锐,马永坤.统筹城乡实践的重庆"地票"交易创新探索[J].中国农村经济,2011(11):4-9,22.

[36] 王兆林,杨庆媛,王娜.重庆宅基地退出中农民土地收益保护研究——基于比较收益的视角[J].中国土地科学,2016,30(8):47-55.

[37] 曲衍波,姜广辉,张凤荣,等.基于农户意愿的农村居民点整治模式[J].农业工程学报,2012,28(23):232-242.

[38] 甄光尧.中国农家乐[M].成都:成都时代出版社,2007.

[39] 李欣.国内民宿研究综述[J].旅游纵览:下半月,2017(1):19-20.

[40] 陈升琪.重庆地理[M].重庆:西南师范大学出版社,2003.

[41] 张潇尹.基于移民影响的巴渝传统民居形态演进研究[D].重庆:重庆大学,2015.

[42] 熊梅.川渝传统民居的地理研究[D].西安:陕西师范大学,2015.

[43] 张杨,史斌,刘逸芸.新村建设背景下的传统民居特色保护与延续——以川东地区为例[J].现代城市,2014,2(9):14-16.

[44] 李长虹,舒平,张敏.浅谈干栏式建筑在民居中的传承与发展[J].天津城市建设学院学报,2007,13(2):83-87.

[45] 杨丹.重庆吊脚楼民居初探[J].室内设计,2006(4):40-44.

[46] 刘鑫.重庆地区传统碉楼建筑的研究与保护——以重庆市南川张之选碉楼保护修复设计为例[D].重庆:重庆大学,2014.

[47] 孙晓芬.明清的江西湖广人与四川[M].成都:四川大学出版社,2005.

[48] 吴必虎,黄琢玮,殷柏慧.中国城郊型休闲农业吸引物空间布局研究[C]//海峡两岸观光休闲农业与乡村旅游发展学术研讨会论文集[A].徐州:中国矿业大学出版社,2002.

[49] 刘润秋.农村住房产权流转的瓶颈及政策建议[J].农村经济,2006(3):33-36.

[50] 赵俊劳,张翔.农村房屋宅基地法律问题[M].北京:中国法制出版社,2002.

[51] 钟奕勇.农村房屋产权流转研究[D].四川:四川大学,2006.

[52] 胡明玉.我国农村房屋产权流转制度存在的问题及对策[J].安徽农业科学,2008,36(12):5 173-5 175.

[53] 洪增林,薛惠锋.宅基地抵押流转的系统设计[J].西安建筑科技大学学报:自然科学版,2007,39(6):797-803.

[54] 黄少安.产权经济学导论[M].济南:山东人民出版社,1995.

[55] 安徽省政府发展研究中心课题组.多措并举盘活利用空闲农房[J].决策,2017(7):42-45.